JE REVIENS DE LOIN

92 avenue de France, 75013 Paris
www.editionstelemaque.com
ISBN : 978-2-7533-0473-4

Sylvain Augier

avec Myriam Villain

JE REVIENS DE LOIN

Préface de Boris Cyrulnik

Éditions TELEMAQUE et RD Éditeur

À Carol, Manon et Hadrien

Il n'y a pas d'amour de vivre
sans désespoir de vivre.
Albert Camus

Préface

J'ai connu Sylvain Augier il y a une trentaine d'années. J'entrais dans la carrière littéraire et médiatique où il était déjà installé en bonne place. J'étais séduit par la simplicité de son accueil, sa chaleur affective et sa grande gentillesse. Tout allait au mieux pour lui, n'est-ce pas ?

Petit à petit, il m'a fait découvrir que tout n'allait pas au mieux. Il m'a d'abord parlé de son accident de parapente qui l'avait rendu dépendant à certains médicaments antalgiques. Puis, comme s'établissait entre nous une relation de proximité, il m'a parlé de son enfance, de ses blessures et de ses rêves.

Toute opinion sur le monde est un aveu autobiographique : même les scientifiques ne choisissent pas leur objet de science au hasard, alors vous pensez bien que raconter sa vie en cherchant à la comprendre par l'analyse de la résilience constitue un travail de réflexion et d'honnêteté que Sylvain a eu le courage d'écrire. Le courage et le talent, parce que l'écriture et la rencontre ont été son métier, ce qui lui donne un point de vue privilégié.

Une remarque pourtant : guérison n'est pas résilience. Quand Sylvain parle de la guérison de son tempérament bipolaire, il parle d'un homme qui est parvenu à se débarrasser de troubles de l'humeur extrêmement douloureux. Alors que la résilience parle d'un processus de retour à la vie après un traumatisme, ce qui n'est pas le retour à un état antérieur. Sylvain a connu les deux épreuves. La maladie maniacodépressive qu'il a héritée de son père et de son grand-père, peut-être d'autres aussi, aujourd'hui on sait la soigner et éteindre ces bascules terrifiantes de la mélancolie extrême à l'euphorie insupportable. Dans les deux situations, le patient s'isole, ce qui aggrave tout. Dans la phase mélancolique, Sylvain, adolescent, s'enferme chez lui et se laisse submerger par le désespoir. Dans la phase euphorique, il se fait rejeter par les gens épuisés par son agitation constante. C'est fini tout ça. Il connaît pourtant des aventures extraordinaires, exaltantes, courageuses, où la prise de risque est telle que le côtoiement de la mort est presque une forme d'érotisme. Quand on passe de l'angoisse à l'extase, on est sur le fil du rasoir, et un jour il casse, ce qui est arrivé.

La résilience est un autre effort : Sylvain nous explique avec honnêteté et lucidité que, dans son enfance, il a acquis des facteurs de protection. Sa mère lui a fait le cadeau de lui donner la force de vivre et de surmonter les moments où il se sentait abandonné par Dieu. Le recul que lui donne l'écriture permet de réfléchir à ce qui lui est arrivé et de l'offrir au lecteur. La résilience exige un élan vers l'autre. Je témoigne que Sylvain sait faire ça : « J'aimais tout le monde », écrit-il même aux moments les plus désespérés, il éprouve une tendresse pour ses enfants. « J'ai un goût pour le partage », dit-il en écrivant ses épreuves pour les partager et les donner à lire et à penser à ceux qui en auront besoin.

Ce livre émouvant mélange les moments de détresse, les angoisses crucifiantes et les triomphes sur le malheur.

« Bon vent », Sylvain, comme on disait à Vérone, où tu m'avais invité à la belle émission « Faut pas rêver ». Alors, rêvons d'amitié et que le vent nous y emporte.

Boris Cyrulnik

1.

M'offrir à la mort

Cette nuit-là, j'étais parti seul à moto en direction d'un petit village du Gard, situé à 25 kilomètres de chez moi. J'enchaînais les virages avec volupté, pressé d'arriver à ce rendez-vous désormais incontournable qu'il m'était urgent d'honorer. J'avais 55 ans.

Une fois arrivé sur les lieux, j'attendis dans le silence de la nuit qui descendait lentement sur le passage à niveau désert. Paradoxalement, j'étais serein, comme si j'étais convaincu que ce que j'allais faire poserait un terme à des années de doute et d'affliction.

Je demeurais dans un état second. Sans anxiété. Mes sens, par leur acuité, s'étaient soudainement démultipliés. Comme un animal en chasse ou une bête traquée, j'étais extrêmement sensible à mon environnement. Aux aguets, sans décider de l'être, je percevais de manière aiguisée de nombreux détails : le pépiement de moineaux invisibles, la fraîcheur et le souffle du vent qui agitait les feuilles des arbres avoisinants, la lueur fragile des premières étoiles dans l'obscurité tombante et, au loin, le hululement d'un oiseau de nuit.

Je me mis à frissonner soudainement de froid plutôt que d'effroi. J'avais garé mon engin près des barrières et, des rails sur lesquels je me tenais, je le voyais avec sa petite enveloppe blanche glissée entre le phare et le guidon qui contenait, rédigé à la hâte, un mot expliquant mon geste avec le nom et le numéro de téléphone de mon épouse.

Je ne bougeais pas, j'étais comme paralysé, résigné à l'idée de disparaître pour toujours dans un accident définitif, un choc fatal et bref, sans autre bruit que l'impact. Je n'avais même pas peur, tout était encore tellement abstrait.

J'imaginais cependant l'épouvante du conducteur juste avant le heurt tragique, apercevant trop tard la forme habillée de nuit qui défiait le monstre de fer lancé à toute vitesse. J'imaginais son traumatisme qui l'empêcherait probablement de reprendre son emploi. J'imaginais aussi le mécontentement des voyageurs à qui l'on annoncerait ce que la SNCF appelle pudiquement des « accidents de personne ». Je me surprenais à penser aux inconnus alors que ma décision d'en finir allait plonger les membres de ma famille dans le pire cauchemar de leur vie.

Soudain, un mouvement : les barrières du passage à niveau commencent à s'abaisser lentement, automatiquement, silencieusement, avant qu'une sonnerie ne se mette à retentir et que des lampes blanches clignotent, annonçant l'arrivée d'un train, que rien encore ne laisse deviner. Je me mis alors à trembler de tous mes membres. Pour combien de temps en avais-je désormais ? Trois, quatre minutes tout au plus, peut-être cinq ? Il était grand temps de réfléchir une dernière fois, d'avoir peut-être une ultime prise de conscience avant le drame quasiment inévitable. Quelques secondes s'écoulèrent et tout à coup, sortant d'un virage, j'aperçus au loin dans la nuit les lumières du TGV, en même temps qu'un grondement sourd accompagnait cette vision cauchemardesque. Il arrivait, estimai-je, à la vitesse de 160 km/h, près de 40 mètres à la seconde.

Cette vision eut un effet étrange dans mon esprit : j'étais comme hypnotisé, un lapin pris dans les phares d'une voiture, incapable du moindre mouvement, les mains croisées derrière la tête, prêt pour accueillir l'inéluctable en regardant le colosse métallique débouler et qui allait m'anéantir.

Le train grossissait à vue d'œil, se rapprochant à toute vitesse malgré le freinage.

Les clôtures de sécurité étaient désormais fermées et une voiture venait de s'immobiliser. La portière avant s'ouvrit brusquement, révélant la silhouette de l'automobiliste qui m'avait aperçu et qui se mit à courir dans ma direction. Il était trop tard cependant, il ne pouvait rien faire d'autre que d'assister à la mort d'un homme qu'il était impuissant à sauver.

Aurais-je le courage de rester jusqu'au bout ? Allais-je beaucoup souffrir au moment de la collision ? Autant de questions qui restaient sans réponses.

En quelques secondes à peine, la nuit glacée fut transpercée par le grondement de l'ogre de métal devenu une créature diabolique auréolée de gerbes d'étincelles jaillissant des freins de l'engin. Je sentis le souffle provoqué par les centaines de tonnes lancées à toute allure dans un vacarme infernal, puissant comme celui d'un animal préhistorique dévorant tout sur son passage.

Au tout dernier moment, j'avais fait un pas en arrière, juste un écart d'un mètre du rail – réflexe provoqué par l'instinct de survie, sans doute. Le déplacement d'air était gigantesque comme le souffle d'un dragon. Le bruit des enfers dura tout le long du passage du train. J'arrivais à peine à me tenir debout tant le mastodonte d'acier cherchait à me happer. Le spectre de ma mort venait de s'évanouir en même temps que le TGV s'éloignait. C'est alors que j'eus une vision. En une fraction de seconde, les visages ravagés de ma fille, de mon fils et de ma femme m'apparurent, dévastés à jamais devant le cercueil contenant ce qui restait de moi.

Le chauffeur de la voiture immobilisée devant les barrières qui se relevaient s'approcha, le visage décomposé. Je fus incapable de faire un geste, mes yeux étaient hagards et mon cerveau n'arrivait pas encore à se reprogrammer. Étais-je mort ou vif? J'étais surtout pétrifié de terreur, hébété, ahuri.

Je compris alors que la mort volontaire était la fin de la souffrance du désespéré certes, mais le début du supplice des autres, de ceux qui nous aiment, sans aucune consolation possible pour apaiser leur peine. Je pensai à ce moment-là que le suicide était un égoïsme poussé à son paroxysme, une violence extrême faite aux personnes qui restent, devenues orphelines d'un être qui ne savait plus aimer. Je ne devais jamais oublier cela. C'était sans compter l'« ennemi redoutable » qui me torturait depuis vingt ans.

2.

L'euphorie, en excès

Tout avait commencé vingt ans plus tôt, un samedi du mois de novembre 1990 très précisément, l'année de mes 35 ans.

L'évènement est de taille : le lendemain, dimanche, c'est le départ de la route du Rhum. Saint-Malo, lieu chargé d'histoire, est en fête. J'ai choisi d'interviewer en direct de son trimaran Loïck Peyron, l'un des skippeurs vedettes de la course, pour diffuser notre entretien le jour même, le samedi donc, sur France Inter. Tous les grands coureurs sont là : Florence Arthaud, Mike Birch, Philippe Poupon, Laurent Bourgnon, Jean Maurel… Au total, 31 coureurs sur leur formule 1 des mers vont devoir rallier en solitaire Pointe-à-Pitre en quinze jours – pour les meilleurs.

L'affluence sous les remparts est impressionnante. Les gens se pressent sur les quais autour des bêtes de course transformées en arguments publicitaires. L'assemblée est composée de chalands, de familles entières, de photographes, de cameramen de télévision de tous les pays, de radios, de sponsors et de nombreux Malouins curieux devant toute cette agitation au cœur d'une ville, la leur, qui, d'ordinaire, est très calme et dont les personnages de légende se nomment Surcouf[1] ou Duguay-Trouin[2].

Tout ce public passionné est là pour assister au départ prochain de ces héros des temps modernes. Je participe ardemment à cette fièvre contagieuse, car moi aussi, après toutes mes aventures autour du monde, je me verrais bien à la barre d'un de ces oiseaux aux voiles gonflées d'espérance, caracolant sur le dos des vagues de l'Atlantique.

La météo est superbe, les haubans sifflent dans le vent établi de force 5, la mer est agitée, le ciel clair domine la foule qui commence déjà à s'installer au cap Fréhel devant la première bouée de la course. Tout laisse présager pour le lendemain un départ magnifique qui prélude une traversée de l'océan mouvementée, car on ne défie pas le dieu Éole impunément.

Portée par cette ambiance, mon émission du samedi en direct sur France Inter se déroule à merveille. Loïck Peyron est un invité parfait, accueillant, sympathique, passionné et passionnant, plein d'esprit, décrivant ses courses avec un talent époustouflant. Cet homme est un grand raconteur d'histoires. Il le prouvera d'ailleurs par la suite au fil de sa longue carrière. Pour l'heure, il s'inscrit comme un gagnant potentiel de cette belle course. Il a bien l'intention d'emporter la victoire sur son splendide trimaran en carbone *Lada Poch IV* de 60 pieds, comme l'exige la limite autorisée.

1. Robert Surcouf, né le 12 décembre 1773 à Saint-Malo, est un corsaire et armateur français.

2. René Duguay-Trouin, né le 10 juin 1673 à Saint-Malo, est un corsaire et amiral français.

La prévision météorologique laisse entrevoir de nombreuses dépressions sur le parcours. Avec la violence des déferlantes, le challenge n'en sera que plus intéressant. Une concurrente, la seule femme, Florence Arthaud sur son multicoque *Pierre Ier* est pressentie par Loïck Peyron comme une adversaire redoutable. L'avenir lui donnera raison mais, pour le moment, tout le monde se prépare à un départ bord à bord comme pour une régate de la Coupe de l'America. Le navire qui virera en tête à la bouée du cap Fréhel prendra une option psychologique sur ses poursuivants.

La surexcitation est palpable, car elle commence à déteindre sur moi et ce n'est qu'un début. Je dîne dans une crêperie bondée avec Loïck Peyron et son équipe, avec son sponsor aussi et quelques journalistes. Le lendemain matin, le dimanche donc, j'ai la chance d'être invité par Lionel Poilâne[1] à bord de sa Gazelle, son hélicoptère privé, pour survoler le départ pendant deux heures. Quel privilège ! Et quel spectacle !

Ce n'est qu'une féerie de couleurs, de voiles bousculées par le vent au milieu d'une flottille incroyable de bateaux de toutes les tailles et même d'un croiseur de la marine nationale. Le vent forcit et nous sommes secoués dans les airs et à basse altitude. Les coureurs, quant à eux, prennent des ris pour ménager leur coursier des mers. Vus du ciel, on croirait des jouets sur la mer démontée. C'est un moment

1. Lionel Poilâne, boulanger français de renommée internationale, se tue accidentellement en hélicoptère le 31 octobre 2002 dans la baie de Cancale.

inoubliable. Je ne peux m'empêcher de crier : « C'est magnifique ! C'est magnifique ! »

L'euphorie est à son comble, elle m'imprègne par tous les pores de la peau. Le passage de la première bouée au cap Fréhel submergé par l'assistance en liesse est splendide. Laurent Bourgnon la passe en tête, suivi par Florence Arthaud et le reste de la flotte. C'est à cet instant précis que je décide d'aller au bout de l'aventure. C'est certain, le spectacle et le suspense ne peuvent pas s'arrêter là. Il me faut aller à l'arrivée. Je décide dans le même mouvement de partir en Guadeloupe. Le cycle infernal va se mettre en place, je l'ignore encore, mais le pire est à venir.

Cinq jours plus tard, mes émissions de télévision terminées, je m'embarque donc pour Pointe-à-Pitre, plus qu'enthousiaste à l'idée d'assister à l'évènement. Je ne suis pas seul : une nuée de photographes et de journalistes sont sur le même vol. Ma fébrilité est bien perceptible et ce, dans le moindre de mes gestes. J'ai même eu, contre mes habitudes, la folie de m'acheter avec mes deniers un billet en classe affaires. J'aurais dû me méfier de mon enjouement grandissant, il aurait dû me mettre la puce à l'oreille, mais rien ne pouvait vraiment m'annoncer ce qui allait suivre.

À l'arrivée, je loue, comme si j'étais un milliardaire, une décapotable et une moto pour être certain de me faufiler dans les embouteillages. Je prends également une suite dans un hôtel de luxe, à deux pas du port. J'aurais pu tout faire à pied, mais non, j'étais dans la frénésie d'achats compulsifs que j'attribuais à ma bonne humeur et il me fallait faire de nombreuses dépenses, même si elles étaient totalement inutiles et risquaient de me mettre sur la paille.

Le lendemain, je loue un grand catamaran de croisière pour inviter une douzaine de journalistes à aller aux Saintes en attendant de couvrir l'arrivée. Cette sortie me coûte une fortune mais je n'en ai cure : rien n'est alors assez beau pour satisfaire mes folles exigences du moment.

L'instant tant attendu se rapproche. J'apprends comme tout le monde au PC courses que Florence Arthaud se présente en tête avec une avance spectaculaire sur Philippe Poupon. Loïck Peyron n'est pas dans les premiers. Ce sont les aléas de la compétition, de la mer et des vents. Parfois, c'est juste une question de chance ou de malchance. L'évènement est admirable. Il démultiplie mon allégresse qui s'emballe comme un cheval fougueux, ce qui va préfigurer ma chute.

Le lendemain en fin de journée, Florence franchit la ligne de la victoire, provoquant l'admiration d'une foule éperonnée par l'attente et qui escompte bien saluer comme il se doit l'exploit de cette jeune femme dévoreuse d'océans. Je retrouve la même ambiance qu'au départ, encore accrue par la douceur de l'air tropical qui provoque chez moi le sentiment de vivre un moment exceptionnel. Je participe sans réserve à l'élan général – de façon exagérée, très probablement, mais sans franchement m'en rendre compte. Il est vrai que l'émoi est à son comble. L'émission de télévision « Thalassa » qui attend la victorieuse en direct, dans le port violemment éclairé comme un plateau de cinéma, ajoute encore à mon ivresse. Je ne peux m'empêcher de frissonner de bonheur alors que je suis censé pourtant réagir en professionnel face au spectacle grandiose de cet opéra marin. Ce n'est plus *Le Hollandais volant*[1], ni l'épopée du pirate Simon Boccanegra[2], mais l'arrivée tout en douceur, comme caressant les vagues, de Florence Arthaud, la petite fiancée de l'Atlantique.

Cette femme que j'admire incarne pour moi la force du paradoxe, notamment lorsqu'elle déclare dans l'émission « Québec mer et monde » de Christiane Suzor : « Je me sens protégée quand je suis en mer, alors que je n'ai pas forcément ce sentiment de sécurité à terre. » Cette héroïne contemporaine a pourtant frôlé la mort lors de cette traversée de l'Atlantique après une hémorragie survenue en pleine bataille contre les éléments et ce, pendant trois journées. Elle aurait pu mourir, mais pour cette guerrière, aucun combat n'est jamais perdu d'avance. Elle pulvérisera le record de la traversée en le portant à 14 jours, 10 heures et 10 minutes[3]. La mer est son élément, sa matrice, dont elle tire son extraordinaire force que seul un méchant hasard viendra anéantir quelques années plus tard en plein vol, très loin de son élément liquide, prisonnière d'une carlingue d'hélicoptère, s'écrasant sur une terre aride d'Argentine. Le

1. *Le Hollandais volant*, parfois appelé dans le passé *Le Voltigeur hollandais*, est le plus célèbre des vaisseaux fantômes.

2. *Simon Boccanegra* est un opéra de Giuseppe Verdi.

3. Le précédent record remonte à 1986. C'est Philippe Poupon qui est le vainqueur de la Route du Rhum (14 jours, 15 heures, 57 minutes et 15 secondes).

parcours de cette femme m'émeut profondément, car moi aussi je me sens en pleine possession de mes moyens quand je frôle le danger dans les airs ou au volant de bolides tutoyant les 300 km/h. Le risque et surtout ma victoire sur l'impossible sont ma source d'adrénaline.

3.

Toujours plus haut, jusqu'à se brûler les ailes

Oui, comme Florence Arthaud et bien d'autres amoureux de l'extrême, j'ai eu perpétuellement besoin d'émotions intenses. J'ai vraiment aimé toute ma vie la vitesse et les sensations fortes. Je les ai aimées passionnément. C'est ainsi que j'ai multiplié toutes les expériences professionnelles qui pouvaient m'apporter *in fine* cette jouissance de survivre au danger. Pour me sentir vivant, il fallait que je me sente extrêmement vivant, et pour cela il m'était nécessaire de me confronter au risque mortel. J'appréciais d'autant plus la vie que j'échappais à la mort.

Pendant un temps, pour la presse écrite, j'ai essayé et comparé beaucoup de voitures et de motos de course. Toutes plus belles, plus folles, plus rapides, plus perfectionnées les unes que les autres. J'ai ainsi pu rouler en Porsche, en Ferrari, en Jaguar, en Lotus, en Bentley… J'égrène ces doux noms aux consonances de fleurs ou d'animaux sauvages comme un long poème. J'ai fait corps avec ces félins des routes et bondi sur la croupe de motos surpuissantes à 250 km/h sur autoroute, contre toute raison. C'était tout ou rien. De la sorte, j'exposais ma vie à chaque seconde et je jubilais de sortir indemne de ces essais. Certes, les dangers sont un peu réduits par des dispositifs nombreux comme les glissières de sécurité sur les circuits, les protections diverses, les matériaux utilisés pour caparaçonner l'intérieur des engins, les technologies appliquées à la mécanique et les entraînements aussi, mais le risque létal reste grand.

À une vitesse folle (et, je dois l'avouer péniblement aujourd'hui, évidemment interdite et dangereuse), j'ai réussi un jour à rallier Toulouse au départ de Paris : près de 700 kilomètres en moins de cinq heures. Que de technicités acquises en un siècle ! Je ne pouvais m'empêcher de penser à la première course automobile de l'Histoire qui, le 22 juillet 1894, reliait Paris à Rouen. Vingt et un participants sur cent six inscrits concouraient avec des « voitures sans chevaux », telles qu'on les dénommait alors. Il s'agissait d'un grand coup de publicité pour une invention récente : l'automobile. C'est le tracteur à vapeur appartenant à de Dion qui a devancé les voitures à pétrole Peugeot et Panhard & Levassor. Le comte de Dion a terminé le trajet de 136 kilomètres en 6 heures et 48 minutes, soit une moyenne de 19 km/h.

L'histoire de l'automobile est fascinante. J'avais créé une rubrique « Vitesse » dans le mensuel *Ça m'intéresse* que j'alimentais tous les mois en aventures diverses. Je me régalais à inventer des sujets nouveaux. Je me passionnais pour une voiture, puis pour une autre, pour une moto, puis pour une autre, toujours une autre, une différente, une plus ceci, une plus cela… J'ai ainsi piloté moi-même la 1000 Kawasaki verte, victorieuse du Bol d'Or sur le circuit du Castellet en 1976. Je recherchais l'extase perpétuellement et c'était à chaque fois des rencontres uniques avec chaque cylindrée. En rendre compte par un article et quelques photos prolongeait mon plaisir. Dans le fond, je ne sais plus si j'expérimentais des véhicules pour en parler et les faire connaître ou si mon métier de journaliste spécialisé n'était pas plutôt l'aubaine parfaite pour avoir l'opportunité de tester toute nouvelle mécanique. Écrire un article était en tout cas une belle manière de prolonger ma passion et surtout de la communiquer. J'aime partager ce qui me fait vibrer. Parfois, le journal a trouvé bon de faire la Une avec l'un de mes sujets – preuve que d'autres fous du volant comme moi trouvaient de l'intérêt à plonger dans les pages du magazine pour vivre mes impressions. On le sait bien aujourd'hui, la lecture rend actives des zones du cerveau qui correspondent à celles stimulées par les sensations physiques décrites. Le lecteur revit ainsi ce que moi-même j'ai vécu.

Une fois, Henri Pescarolo, pilote automobile français devenu patron d'écurie, m'a invité à bord de sa Jaguar[1], aux célèbres couleurs mauve et blanc, une voiture faite pour gagner. Elle était très puissante et on allait très, très vite,

1. Henri Pescarolo défia la pluie sans essuie-glace aux Vingt-Quatre Heures du Mans en 1968 : « Je suis parti en me disant que chaque tour pouvait être le dernier, parce qu'il paraissait impossible de conduire dans ces conditions. Lorsque je rattrapais une voiture, je voyais vaguement ses feux arrière rouges dans les projections d'eau et j'étais incapable de me rendre compte si elle allait à droite, à gauche ou au milieu [...]. Mon but était de remettre la voiture là où elle devait être, c'est-à-dire en deuxième position [...]. Je trouvais vraiment stupide d'abandonner sur un problème d'essuie-glace. » (https://www.24h-lemans.com)

sans aucun problème de stabilité. Nous avons pu atteindre 370 km/h dans la ligne droite du circuit du Mans, car à l'époque il n'y avait pas encore les chicanes. Les sensations que procurent les accélérations insensées de ces bolides sont si puissantes que, comme un enfant, à la fin, on ne peut que demander un nouveau tour de manège. Cette fois-là, c'est comme si j'avais été au volant de la voiture la plus puissante du monde. Mon corps dans le ventre de cette créature ultra-performante me donnait l'extraordinaire impression d'être tout à la fois protégé comme dans un œuf – convaincu de la solidité de la coquille pourtant si fragile –, porté comme un fœtus et, en un sens, « augmenté » comme un robot. La puissance de cette mécanique exceptionnelle pénétrait mon corps par les vibrations. Je devenais un être hybride, moitié homme, moitié machine, ivre de liberté et de transgression.

Ari Vatanen me proposa aussi de me prendre à bord de son engin : la Peugeot 405 Turbo 16, gagnante du Paris-Dakar en 1989 et 1990. Ari me subjugua par sa maîtrise froide. Il était d'un grand calme et d'une grande décontraction. Avec un certain flegme, tout en étant très concentré, il tenait son volant d'une main, et l'autre restait sur le levier de vitesse. Il me donnait l'air de faire cela comme il aurait conduit sa tondeuse à gazon. Avec facilité. Et impassibilité. Cela me permettait de me couler dans mon siège avec une grande confiance pour ce pilote qui ne semblait nullement épaté par ce qu'il parvenait à faire. La vitesse était telle qu'on décollait et faisait des bonds d'une trentaine de mètres. J'étais fasciné par son pilotage et sidéré par son calme olympien. Une nouvelle fois, c'était fort, extatique. L'excitation était pour moi à son comble, mais aussi le stress, malgré la confiance. La conduite de ces voitures nécessite beaucoup de concentration. D'ailleurs, Ari Vatanen ne disait pas un mot. Pas seulement parce qu'il était finlandais et qu'il ne parlait pas le français, mais parce qu'il ne pouvait se permettre d'être diverti par quoi que ce soit. La chaleur dans l'habitacle est élevée et la tension nerveuse à chaque virage met en apnée. On ne respire plus. Puis on respire à nouveau. Et on alterne ainsi jusqu'au bout. C'est éprouvant et grisant en même temps. Je ne cessais de vouloir recommencer, reproduire ces décharges d'adrénaline. Pourtant, le corps est vraiment malmené, il reçoit par la vitesse une force qui est d'une extrême violence, dont notamment la fameuse force G que les pilotes de chasse encaissent aussi. Les phases d'accélération, de freinage, les virages sont des sensations hallucinantes qui vous collent au siège aussi bien que le feraient les assauts d'un boxeur. Pour revivre ces impressions, dont on ne sait plus au final si elles sont douloureuses ou jouissives, j'ai piloté une formule 3000 ainsi qu'un kart de compétition. Mieux vaut avoir des cervicales, des lombaires et des abdominaux entretenus pour subir la force centrifuge.

Je me souviens justement d'avoir emmené un jour le célèbre spationaute et ancien pilote de chasse Patrick Baudry sur un circuit allemand pour lui faire essayer une bête magnifique, un jouet pour grands enfants : une Ferrari Testarossa biturbo. Il était emballé comme un gamin, lui qui en avait vu tant d'autres, et pas des moindres, si l'on repense par exemple à sa mission sur Discovery en juin 1985. Il n'en revenait pas de l'accélération de la superbe machine qui vous plaquait au siège. On passait de 0 à

100 km/h en 3,4 secondes. Et en 16 secondes on atteignait 300 km/h. J'essayais en fait de lui rendre la pareille, car il m'avait invité peu avant dans un avion de chasse – privilège d'ordinaire réservé aux militaires. On était deux adolescents, grisés par l'instant, qui faisaient de la surenchère dans la compétition. On en rajoutait dans cette espèce de joute amicale, fraternelle et juvénile, et c'était à qui impressionnerait l'autre en proposant des expériences hors du commun, heureux surtout d'être ensemble, dans le partage et la légèreté. Je me souviens qu'il ne cessait de me dire : « Tu connais, Sylvain, la différence entre nous et les enfants ? C'est le prix de nos jouets. »

La liste de mes expériences est loin d'être terminée ! Mon cerveau ne pouvait plus se passer de la dopamine, cette hormone qui stimule la zone de la récompense, ni de la sérotonine qu'il produit en grandes quantités pendant ce type d'aventures. À la sérotonine, qui contribue à donner une sensation de bien-être, s'ajoutent les endorphines, au remarquable pouvoir anesthésiant, qui sont ainsi de puissants antistress et antidouleurs.

J'ai donc continué à ajouter des extases à d'autres extases. J'ai ainsi embarqué avec Jacky Ickx[1] sur plusieurs bateaux offshores, ces bateaux qui font partie de ce qu'on appelle le « motonautisme » et dont le plus rapide au monde, le *Spirit of Australia*, peut atteindre 318,75 km/h. Il fallait voir

1. Jacques Bernard Ickx, né le 1er janvier 1945 à Bruxelles, est un pilote automobile belge. Il possède l'un des plus riches palmarès en sport automobile après une carrière des plus éclectiques.

combien Jacky était enthousiaste pour piloter de tels engins. Un engouement très communicatif! Il était, comme beaucoup de pilotes de très haut niveau, d'un calme absolu, sans paraître impressionné de défier les dieux en atteignant des vitesses étourdissantes qui tendaient à rendre l'eau du lac aussi dure qu'une pierre. J'ai eu ainsi la chance de glisser à toute allure à bord d'un de ces cigares des mers sur le majestueux lac de Côme, dans le nord de l'Italie : un offshore équipé de deux moteurs de Testarossa et dessiné par le talentueux Tullio Abbate. J'étais devenu poisson, j'étais même devenu le plus rapide du monde, l'espadon voilier, reconnaissable à sa nageoire en forme de voilier justement, qui peut atteindre les 100 km/h. Je pulvérisai le record de ce monstre marin. Signe de la folie des hommes – peut-être – à cette surenchère dans les performances *via* des technologies toujours plus innovantes… J'avais d'ailleurs fait louer par le magazine *Ça m'intéresse* un hydravion pour que le photographe parvienne au plus près de l'offshore et fasse un cliché exceptionnel qui se trouverait à la Une. L'avion et le bateau semblaient deux animaux en pleine parade amoureuse. Cela ne m'a pas empêché cependant d'admirer cette belle zone balnéaire en Lombardie qui s'adosse aux contreforts des Alpes. Le lac est singulier. Il a la forme d'un Y renversé. Je n'ai pas manqué ensuite de faire un détour, le pied à terre, par la ville de Côme pour son architecture de la Renaissance, pour la cathédrale Santa Maria Assunta et le château Baradello.

Il allait de soi que le parachutisme me réservait de belles sensations. J'ai donc tout naturellement essayé la chute libre. Je l'ai adoptée aussitôt et je l'ai pratiquée des centaines de fois. Rien que de penser descendre de 50 mètres par seconde en sautant à 3 500 mètres d'altitude, parfois avec une planche de surf, déclenche déjà une petite dose d'hormones du bonheur. Le moment est tellement jubilatoire qu'il appelle à être répété. Pendant ces sauts, j'avais encore l'impression de dépasser ma propre condition d'homme, de me métamorphoser en oiseau. J'ai même sauté sur Paris en emmenant d'autres zozos, Jean-Paul Belmondo et Michel Drucker, ce qui restera un souvenir fort. Je n'oublierai jamais en effet les mots de Bébel, habitué pourtant aux roulé-boulés les plus fous : « C'est la plus belle cascade que j'ai faite de toute ma vie ! »

Dans les airs, j'ai aussi volé en deltaplane de compétition et en parapente haute performance, ce qui m'a valu malheureusement mon accident grave, sur lequel je reviendrai et qui aurait pu me coûter la vie. Il y a des miracles parfois ; contre toute vraisemblance, on survit. Je pense à cette jeune parapentiste allemande de 35 ans, Ewa Wiśnerska, lors d'une compétition en Australie en 2007. Vice-championne du monde de sa discipline en 2005, elle a survécu à une ascension brutale à plus de 9 000 mètres d'altitude – ce qui correspond à l'altitude de croisière d'un Boeing 747 – après avoir été prise dans une tempête. Elle s'en est sortie… avec seulement des gelures[1] !

1. Un film magnifique de Thomas Latzel rend compte de son aventure : *Reise zum Horizont*, 2008. À voir aussi : le film *Miracle parapente 10 000 m*, sur l'accident de Ewa Wiśnerska (disponible sur YouTube).

Je n'ai jamais essayé le base-jump ni le vol en wingsuit, et peut-être ai-je été préservé ainsi d'une issue fatale. La moindre faute technique, le plus bref moment d'inattention peut être mortel. Le danger est constant, mais c'est ce qui fait la motivation des adeptes. Parfois, malgré les préparations soigneuses, l'emploi d'un équipement optimal, l'attention scrupuleuse aux conditions météorologiques, la connaissance irréprochable des gestes à effectuer, la mort est au rendez-vous. Ces héros de l'extrême rejoignent alors immanquablement Icare.

Tous les éléments naturels me procurent des sensations intenses : la route, les airs, la mer, la glace, la neige. J'ai fait du bobsleigh à plus de 100 km/h et du skeleton[1] sur piste dans la Forêt-Noire. J'ai descendu le kilomètre lancé à 130 km/h[2]. Cette discipline, qui a vu le jour au lendemain de la Seconde Guerre mondiale, est devenue olympique pour la première fois à Albertville en 1992. C'est une épreuve de vitesse. Il s'agit de descendre une piste le plus rapidement possible.

Je crois qu'il était vital pour moi de mettre mon corps à rude épreuve sans arrêt. Je ne voulais pas le punir mais plutôt le nourrir, comme s'il m'était tout aussi

1. Le skeleton se pratique seul sur une espèce de luge. On se place sur le ventre, tête à l'avant. L'objectif est de parcourir la piste le plus rapidement possible.

2. Le record du monde de kilomètre lancé est détenu par un Italien avec 254,958 km/h.

indispensable de faire subir à mon être la violence de la vitesse que de boire, manger et dormir. C'était un appel de mes cellules depuis la première heure pour vivre un étourdissement salutaire. Cela répondait comme à un besoin physiologique et, pourquoi pas, à une nécessité neurologique. Peut-être encore avais-je besoin de ce divertissement, au sens pascalien du terme, pour oublier ma mortalité. Peut-être aussi s'agissait-il de m'aguerrir, de me renforcer pour un combat prochain que je subodorais. Tel Hercule, je m'imposais perpétuellement des épreuves comme autant de travaux, et pourtant je n'avais commis aucune offense dont j'aurais eu à me laver. À moins que je fusse entraîné malgré moi à dérouler des péripéties qui prenaient origine et sens dans mon ascendance.

En tout cas, aucune pratique sportive ne me faisait peur. Je voulais tout éprouver. J'ai ainsi passé le cap Horn et essuyé des vents de force 10 dans les canaux de Patagonie à bord du monocoque de course *Gauloises 3*, une réalisation exemplaire de 19 mètres de long en aluminium, avec une coque ultralégère. J'ai convoyé des multicoques de course à plus de 40 nœuds jusqu'à démâter un jour au large de l'Angleterre avec Éric Loizeau. Le catamaran *Roger & Gallet* s'est trouvé alors momentanément dans une petite décompression du vent. La mer était bien évidemment grosse, formée, et le bateau n'était plus appuyé sur la mer par le vent. C'est alors qu'il est tombé dans un « trou » de vague et que le mât s'est brisé.

Ce n'est pas ce type de mésaventure cependant qui pouvait avoir raison de mon appétit de challenges. Bien au contraire. On luttait, mes coéquipiers et moi, contre les éléments, et on aimait ça. La nature déchaînée nous en faisait voir de toutes les couleurs mais, au final, on résistait à l'adversité, heureux de tenir la barre malgré tout et de rentrer au bercail sains et saufs. Comment connaître sa force mentale et sa puissance physique, sa résistance, son courage si on ne les éprouve pas ? Face à l'épreuve, ça passe ou ça casse. Je tentais le diable perpétuellement, mais toujours dans l'idée que je serais plus malin que lui, que je saurais, comme David, le renverser et qu'aucun Goliath n'aurait jamais ma peau. Et ainsi je continuais ce que certains appelleraient mes excès ou mes provocations. Pour moi, il ne s'agissait que de vivre : chaque jour devait être neuf, chaque jour devait apporter une sensation nouvelle.

Concernant mes faits « d'air », comme on parlerait de faits d'armes, j'ai participé à un vol de performance en planeur de compétition sur 600 kilomètres, de la Provence au mont Blanc, dans la même journée. J'ai réalisé aussi des vols en apesanteur à bord de l'Airbus A300 Zéro-G qui se sont révélés exceptionnels.

Et les challenges à relever, s'ils n'existaient pas, je les inventais. Comment ai-je eu l'idée de cela ? Mystère. Comme toute idée qui vient à l'enfant qui veut prolonger son jeu, trop heureux d'échapper encore un petit temps à ses devoirs scolaires ou au repas familial, a germé dans mon esprit l'idée d'organiser une course entre un avion de tourisme et un TGV entre Lyon et Paris. C'était rocambolesque, digne d'un dessin animé avec ce qu'il fallait de suspense, d'amusement, de rebondissements et d'anxiété.

Plus sérieusement, en revanche, j'ai eu la chance d'être dans le poste de pilotage du Concorde avec André Turcat, entouré par la patrouille de France au-dessus du Salon du Bourget, à très basse altitude. J'ai éprouvé une immense admiration pour cet homme qui faisait montre d'un calme remarquable. Il ne semblait pas impressionné par la responsabilité qui était la sienne. Il est vrai qu'il avait volé sur tous les avions de chasse existants et qu'il avait une expérience professionnelle très grande. La force mentale de cet homme est vertigineuse. Rien ne le perturbe. Il m'apparaissait alors comme un surhomme avec un esprit d'acier et il me faisait vivre ce jour-là une expérience hors du commun. Lorsqu'il coordonne le vol, la tension nerveuse est extrême, mais il n'en laisse rien paraître. Il donne ses ordres de manière brève, presque par onomatopées :

« Légèrement à gauche. »

« Plus vite. »

« Moins vite. »

Il réglait dans un souffle le ballet des avions au millimètre près.

Je m'étourdis moi-même à dresser cet inventaire. J'en rajoute encore cependant : je suis aussi monté à bord d'avions de chasse, les fameux Alpha Jet, Mirage 2000 ou Mirage F1, avec passes de tir à basse altitude et ravitaillements en vol avant d'effectuer des *dogfights* (combats aériens). J'ai même piloté un Mirage 3, en passant le mur du son. Une légende, cet avion ! Il a été conçu par le constructeur aéronautique français Dassault Aviation à la fin des années 1950.

Puisque j'évoque les vols avec des appareils militaires, je ne peux faire l'impasse dans mon récit de cette expérience très impressionnante d'un vol de nuit en hélicoptère. J'ai à ce moment-là une quarantaine d'années. Le noir de la nuit est absolu. Nous volons à une dizaine de mètres du sol, à près de 300 km/h. Le pilote porte, comme tous les occupants de l'engin, des jumelles de vision nocturne. Aucune autre technique ne l'aide à percevoir. Ces jumelles offrent une vision vert vif quand il s'agit de capter des êtres vivants et vert sombre pour le reste. Il n'y a rien de comparable à cette nuit d'encre qu'aucune lumière ne vient éclairer et que nous traversons à une allure folle. J'ai l'impression d'être un aveugle qui se met à courir sur une autoroute un jour de grande circulation. La vue est tellement réduite à un système binaire – vert foncé ou vert clair – qu'il faut une attention colossale au pilote pour ne percuter aucun obstacle.

Je suis tellement curieux de tout que je ne pouvais refuser aucune proposition dès qu'il s'agissait d'essayer, de tester, de se mettre à l'épreuve, et je les sollicitais souvent, ces offres d'aventure, insatiable que j'étais, terriblement dépendant aux sensations fortes. J'ai eu la chance ainsi de participer à une plongée en sous-marin nucléaire stratégique, le *Redoutable*, et je suis descendu sur une épave engloutie à plusieurs centaines de mètres de profondeur en Remora 2000 avec le fondateur de la COMEX, Henri-Germain Delauze. J'ai même réalisé une cascade en sautant en parachute en smoking sur le Festival de Cannes pour Canal+ en mai 1990. Et j'en oublie ! L'intense, l'exceptionnel était vraiment ma nourriture. Tout cela presque toujours pour la presse écrite,

Figaro Magazine, *Vogue*, *Challenge*... et parfois aussi, comme cela, pour rien, juste pour le plaisir.

Ces nombreuses aventures à tutoyer l'impensable, à aller au-delà des limites, avaient quelque chose de féerique. C'était fou, ça semblait presque faux. N'étais-je pas dans le fond un personnage de fiction ? N'étais-je pas un acteur ? Non, je vivais bien ces expériences dans la vraie vie. Je ne sortais pas de l'imaginaire d'un écrivain ou d'un scénariste, ni même de mon propre esprit, par les rêves que procure le sommeil.

Il y a, quand on vit ces moments hors normes, cette impression bien réelle d'être dans un film d'action. Je n'oublie pas tous ceux – que j'admire beaucoup – qui inventent toutes ces machines à records pour la beauté de l'exploit. Avec du recul, je m'aperçois que c'était un luxe inouï, un accélérateur de sensations, une extase réservée à peu de personnes, un privilège rare. J'ai été bien gâté.

Mais pourquoi cette quête effrénée de vitesse et d'extrême ? Dès l'adolescence, je me suis posé cette question. Et je me la suis posée à nouveau de nombreuses fois dans mon existence. Je pense qu'il y avait d'abord la volonté de m'extraire de la vie normale, quotidienne, banale, bien souvent insatisfaisante à mes yeux. Il y avait donc cette envie forte de faire de l'instant présent un moment enivrant, quelque chose d'extraordinaire, hors du commun. J'avais ce besoin immense de me sentir bien vivant et unique au monde.

Chaque jour devait avoir son lot de griseries pour que je sente que je ne perdais aucune miette de la vie. Peut-être mon anxiété naturelle m'a-t-elle fait prendre conscience très tôt que l'existence est éphémère, courte, trop courte même, et qu'avant d'être anéanti par la mort, il fallait jouir de tout, le plus possible. J'avais une frénésie de découvertes, un appétit de sensations fortes, une urgence à éprouver de nouvelles expériences, une gourmandise vorace face à ce que le monde proposait de challenges à relever plus fous les uns que les autres. J'avais une fureur de vivre, avec la folie naïve de penser que j'étais plus fort que la mort. M'exposer sans cesse au danger, le provoquer furieusement même – amoureux éperdu que j'étais des périls possibles avec lesquels je flirtais –, c'était le meilleur moyen de me sentir fort, invincible, tout-puissant. J'étais dans le culte du jour, celui, nouveau, que je découvrais chaque matin en me réveillant et qui devait tenir ses promesses de m'émerveiller.

Le passé – riche de notre propre histoire et de ce que l'on nous a transmis –, je ne m'en embarrassais pas. Il devait s'oublier, car il ne reviendra jamais. Quant à l'avenir, je ne m'en encombrais pas davantage, puisqu'il n'existe pas encore, inutile donc de s'en préoccuper. Le Dalaï-Lama le dit magnifiquement : « Il y a deux jours dans une année où l'on ne peut rien faire, c'est hier et demain. » Pour moi, c'était clair : seul comptait l'« ici et maintenant », une sorte d'éternel aujourd'hui qui se devait d'être haletant, toujours plus haletant, et se répéter chaque jour. Voilà ce qui était ma façon de vivre auparavant, quand tout allait encore bien.

Dans ma quête d'aventures extraordinaires, en dehors des sensations étourdissantes auxquelles on prend goût comme à une drogue, l'aspect humain était vraiment essentiel. « Il n'est qu'un luxe véritable, dit Antoine de Saint-Exupéry, c'est celui des relations humaines », et cela fonde vraiment toute ma vie.

En effet, j'ai eu la chance de faire de belles rencontres, ce qui comblait mon goût prononcé pour le partage. Cette notion fondamentale, le partage, m'avait été enseignée lors de mes cours de catéchisme sans que je ne parvienne à ce moment de l'enfance à vraiment en mesurer la dimension existentielle : l'Autre, venu comme par hasard à notre rencontre, est riche de ce qu'il est et de ce qu'il nous renvoie de nous. Il est un autre mais surtout un autre nous-même.

Ce plaisir que je prenais à rencontrer des inconnus n'était pas égoïste, car j'éprouvais aussi un grand bonheur à raconter l'aventure aux lecteurs et téléspectateurs. Pour moi, c'était le cœur de mon métier : bien traduire en mots et en images le côté rarissime de ces moments, voilà qui était stimulant.

Et puis, dans toutes ces aventures extrêmes, il y a la peur, plus ou moins consciente, mais toujours là, masquée par la fascination ou au contraire bien présente : c'est le frisson du danger, le vide à la porte de l'avion, la frayeur à l'arrivée dans un virage sur circuit ou dans une vague qui déferle à une vitesse démentielle. C'est la crainte de la mort dont nous ne sommes pas toujours conscients alors que nous évoluons au-delà de la zone de danger en réalisant, avec un immense soulagement, une fois l'épisode terminé, y avoir échappé. La peur, j'en redemandais, alors qu'elle m'a toujours fichu la frousse depuis l'enfance.

4.

La peur pour tuer la peur

De mes plus lointaines réminiscences d'enfance, je me rappelle avoir toujours eu peur : peur d'être abandonné, peur d'être attaqué par des chiens-loups ou des sangliers, peur de ne pas être à la hauteur, peur de l'inconnu, peur de ne pas être aimé, peur de passer dans la classe supérieure même si j'avais le niveau requis. Tout était matière à souci et rien ne calmait mon anxiété. Ma vie entière ressemblait à un combat permanent contre l'angoisse, malgré mes parents rassurants. À 12 ans, je craignais d'aller en classe de latin ou – c'était récurrent – de tomber en panne d'essence. Je me souviens que ma mère restait toujours calme, probablement pour me rassurer. Seuls ses flots de paroles pouvaient apaiser mon appréhension profonde.

À chaque fois, c'était la même chose. À peine avais-je pris place sur la banquette arrière de la voiture, je glissais ma tête entre les fauteuils avant et, inquiet, je demandais à ma mère, que je vouvoyais – mes parents se vouvoyaient et ma mère nous vouvoyait, nous, ses enfants, sans que cela n'instaure la moindre distance :

« Maman, vous êtes certaine qu'on ne tombera pas en panne d'essence ?

— Sylvain, mon chéri, n'ayez pas d'inquiétude, papa va s'arrêter à la station juste avant de prendre la route.

— Maman, vous êtes sûre qu'il va mettre assez d'essence ?

— Sylvain, tranquillisez-vous, papa va remplir le réservoir en entier.

— Maman, mais si notre promenade est très longue et qu'on utilise toute l'essence ? demandai-je toujours aussi soucieux.

— Sylvain, on aura assez d'essence pour plusieurs jours, ne vous tourmentez pas ainsi. Faites-moi confiance, mon ange. Tant que je suis là, il ne vous arrivera rien. »

Par sa générosité à endosser mes préoccupations douloureuses pour les évacuer à ma place en les vidant de leur substance nocive, ma mère, et elle seule, magicienne de mon enfance, parvenait à calmer mes frayeurs irrationnelles qui provenaient de mon caractère angoissé. J'étais né comme ça. Personne n'y pouvait rien. Peut-être ma mère se sentait-elle responsable de ce penchant chez moi, comme toute mère se sent sans doute fautive des « travers » de sa progéniture.

Depuis toujours, j'ai donc dû faire avec cette anxiété chronique. Tout m'affolait sans que je ne sache hiérarchiser les importances. Alors, quand il s'avérait que la menace finissait par disparaître, c'était un soulagement immense, une délivrance absolue. Je me sentais enfin heureux.

À force de survivre à cette lutte incessante, j'en ai fait, à l'âge de l'adolescence, un mode de vie, presque une discipline, comme une drogue savamment dosée. Comment surmonter l'épreuve qui se présentait à moi ? Comment éprouver cette grande victoire sur soi ? Le mécanisme était devenu simple : la réponse était dans les défis que pouvait me proposer la vie.

La première fois que je me suis retrouvé à la porte d'un avion de parachutisme à 3 500 mètres d'altitude, grelottant de froid et de peur, j'ai vécu ce phénomène avec une étrange délectation. Rien d'autre ne peut autant ressembler à un suicide quand il s'agit de se jeter dans le vide et rien n'aurait pu m'apporter, avec cette intensité-là, un si grand soulagement. Celui d'être tout simplement resté en vie après avoir surmonté cette épreuve. Il faut savoir que la chute libre devient un véritable vol au bout de quelques secondes : c'est fascinant. La félicité était telle que j'ai renouvelé l'expérience plus de 300 fois avec toujours la même peur à la porte, avec l'étrange sensation que cet effroi allait me perdre à jamais. Le ressenti était toujours identique, je le connais par cœur à présent. Il commence par une sourde appréhension, puis des questions lancinantes s'imposent à moi : mais qu'est-ce que je fais là ? Pourquoi suis-je en train de m'infliger ce péril ? Mes mains se mettent à trembler, mes tempes sont glacées, j'ai d'un seul coup des difficultés pour déglutir, le temps ralentit jusqu'à s'arrêter complètement. Je suis tout entier hanté par l'idée du risque à venir. La peur me paralyse presque entièrement. Des frissons impossibles à maîtriser parcourent tout mon corps. Et toujours ces questions absurdes : et si, cette fois, ça se passait mal ? Et si la mort était au rendez-vous ?

Pour que l'appréhension cesse, il ne reste plus qu'à s'armer de courage et à y aller franchement en se souvenant bien que la victoire est là, à portée de main. Il ne s'agit que de dépasser ses propres limites et de jouir ensuite d'y être parvenu. Le contrat était singulier : pour éprouver une joie libératrice, celle qui allait me soigner un temps de mes anxiétés sourdes, il fallait que je me confronte à un danger bien réel et que j'y survive, bien entendu.

Je pense que cette recherche du bonheur dans la performance remonte aussi à la petite enfance. Cela renvoie certainement à l'envie de se faire remarquer des parents en réussissant quelque chose dont on se sent fier – et peut-être même de s'imaginer ainsi être à l'égal du père. Le mien pilotait son avion ; d'ailleurs, je n'ai jamais eu le droit de monter à son bord. Sans doute ai-je tenté de combler ce manque et de lui montrer de quoi j'étais capable. Quant à ma mère, j'ai toujours cherché à l'épater. La confrontation au risque et au danger était donc probablement un motif de fierté face à eux, qui a continué à me poursuivre à l'âge adulte.

L'éventualité de la mort dans ces expériences limites m'a fasciné souvent, avec une curiosité presque pathologique. « Qu'est-ce que ça fait de mourir ? Est-ce difficile ou douloureux ? Après ce que je viens de vivre, je peux disparaître. J'aurais d'ailleurs vécu le meilleur et sans regrets » : c'est ce que je me disais souvent.

LA PEUR POUR TUER LA PEUR

Mon tempérament excessif y était pour beaucoup. Bien sûr, il y avait la terreur instinctive, voire primaire, devant le danger, mais paradoxalement celui-ci était aussi générateur d'un grand calme. Pour moi qui avoue depuis toujours être un grand anxieux sans véritable raison objective, toutes ces expériences ont très souvent été un remède à la peur.

5.

L'exaltation assassinée

En Guadeloupe – j'y reviens, car c'est là que tout a commencé –, alors que Florence Arthaud vient d'être sacrée grande gagnante de la Route du Rhum en 1990, je déborde de projets et d'envies. Pourquoi ne pas organiser une course dans le domaine aéronautique, que je connais bien, et faire revivre le triomphe de Lindbergh au Bourget, en 1927 ? Tout me paraît possible. Il n'y a pour moi aucun obstacle, aucune limite. Je ne réalise pas que je suis en train de basculer dans autre chose, dans une spirale infernale à double tranchant. Je parle vite, trop vite. Les mots se bousculent. J'ai très peu dormi les nuits précédentes, à peine deux heures, mais je ne ressens aucune fatigue, au contraire. Je m'adresse à tout le monde, à qui veut m'entendre. Mes raisonnements sont déconcertants, mais je ne m'en rends pas vraiment compte. Tout au plus, je note une moue dubitative de mon interlocuteur face à ce que je dis. Dans les jours qui vont suivre, je vais faire « fumer » ma carte bleue en dépensant beaucoup plus que je n'ai sur mon compte. Je vais louer à deux reprises des petits avions privés pour emmener des amis à Saint-Barthélemy et à Saint-Martin.

Là-bas, toujours avec la même furie joyeuse, j'inviterai comme un roi tout le monde à déjeuner.

À notre retour à Pointe-à-Pitre, je loue un autre bateau à moteur pour partir à plusieurs faire le tour de l'île et revenir aux Saintes. Je suis toujours dans un état second très plaisant, de grande excitation, mais un bémol survient. La fête est finie, il va falloir rentrer à Paris. La perspective de retrouver la grisaille atteint exagérément mon moral, mais je n'en prends pas véritablement la mesure alors que je suis en train de basculer lentement et inexorablement vers autre chose dont je ne perçois nullement la gravité.

De retour à Paris, je repars immédiatement à Brest pour interviewer pour France Inter Jean-Louis Étienne sur son voilier *Antarctica*, un grand bateau d'expédition dont il avait toujours rêvé, surtout depuis son retour du Groenland en 1979. L'*Antarctica* est un navire conçu pour des expéditions scientifiques en Antarctique. La coque a une forme arrondie pour échapper à l'écrasement par la banquise. L'émission diffusée en direct connaît quelques problèmes de liaison mais rien d'ennuyeux en soi, rien en tout cas qui puisse m'atteindre le moral. Je suis redevenu calme, car la crise d'excitation est passée comme elle était venue, bien que sur la route de l'hôtel quelque chose d'étrange et d'inattendu me tombe sur les épaules. C'est la question « À quoi bon ? ».

« À quoi bon toute cette agitation et ce tumulte ? » Mon métier, que j'aime tant, me semble dérisoire d'un seul coup et me voilà parti dans des états d'âme que je connais depuis l'adolescence et qui ne m'inquiètent donc pas outre mesure.

Pourtant, le mal-être grandit. Je rentre dans ma chambre, et là, c'est un coup de poignard en pleine poitrine. Quelque chose d'indescriptible, d'impensable se produit. Je veux m'allonger sur le lit mais je n'arrive pas jusqu'à lui. Je tombe à même le sol. Je cherche à me relever mais je n'y parviens pas. J'ai perdu toutes mes forces. En même temps, une angoisse épouvantable prend possession de moi comme une peur panique irraisonnée, sans aucun fondement, où la mort semble avoir une place prépondérante, moi qui l'ai pourtant approchée tant de fois dans mes sports extrêmes. Oui, j'ai subitement peur de mourir. C'est une sensation affreuse, un sentiment morbide que je n'ai jamais éprouvé. J'ai la certitude que tout va s'arrêter là.

J'ai complètement oublié les journées enthousiasmantes qui viennent de se dérouler, car je suis entré dans un autre monde, une autre vie, quelque chose d'indicible. Il n'y a rien d'autre que cette terreur incoercible, cette douleur aiguë dans le ventre. Ma tête, aussi, bourdonne affreusement. Dans le même temps, je sens mes membres s'ankyloser. La déflagration n'est pas seulement mentale, elle ravage tout mon corps. Je crois à un infarctus. Il m'est absolument impossible de me relever. En désespoir de cause, je roule sur le sol. Je rampe comme un animal blessé jusqu'au téléphone, je compose le numéro des renseignements. Je ne reconnais plus ma voix, elle est rauque et éteinte. Nous sommes samedi, tout sera fermé à Brest. Je demande donc le numéro d'un psychiatre à Paris, n'importe lequel, « merde, quoi ! », le premier sera le bon. Au secrétariat d'un spécialiste parisien, je tombe sur un répondeur et laisse mon numéro. Épuisé, je ne peux rien faire de plus. Ma respiration est devenue courte, haletante, mais je parviens enfin à m'allonger sur le lit, réalisant que le pire est passé. Mes pensées qui pourtant semblaient confuses s'ordonnent un peu même si je suis encore très mal. J'essaie de réfléchir : qu'est-ce qui a bien pu se produire ? Pourquoi est-ce si violent ? Y a-t-il un lien avec les journées euphoriques qui viennent de s'écouler ? Sans doute, même si cela paraît absurde, j'en ai le pressentiment.

Le téléphone sonne, c'est le psychiatre que j'ai appelé. Je lui décris mon état, car je suis perdu. Comme un naufragé, je l'appelle au secours et il tente de me rassurer. Au vu de ce que je lui décris, il me dit qu'il n'y a rien de grave et qu'il pourra tout m'expliquer quand nous nous verrons lundi entre deux rendez-vous. Je raccroche un peu soulagé et me remets à réfléchir. Qu'est-ce qui a bien pu se passer ? À quoi est due cette violence soudaine ? Je connais depuis que je suis adolescent des passages sombres réguliers, sans raison particulière. Je m'y suis presque habitué, même si je les déteste, m'obligeant à chaque fois à les rejeter de toutes mes forces, comme l'attaque sournoise d'un mal imaginaire. Et puis ça ne dure pas très longtemps, quelques heures tout au plus, et ça n'a surtout jamais atteint une telle violence.

Je ne peux m'empêcher de penser à la dépression profonde dont mon père souffrait.

Quand j'étais plus jeune, parce que je n'y connaissais rien, je portais simplement un jugement sévère sur ce que je prenais chez lui pour une faiblesse de caractère impardonnable de sa part – un manque criant de volonté – et à laquelle je me promettais d'échapper toute ma vie. Je le rendais responsable sans pitié de sa léthargie. Mais, à ce moment-là, je suis terré dans ma chambre d'hôtel où, dans le silence de ma prison interne, je commence à m'interroger : « Et si la fatalité se déroulait ? Et si c'était une maladie transmissible ? » À partir de cet instant, cette perspective horrifique va commencer à me hanter. La monstruosité de la maladie allait durer toute ma vie désormais, je ne le savais pas encore.

Pour l'heure, avec le peu de forces qui me reste, je ferme les rideaux de ma chambre pour être dans le noir complet. C'est la pire des solutions mais je n'en vois pas d'autres. Je devrais sortir, aller marcher, prendre l'air, revenir sur le bateau et parler à n'importe qui, mais non, je n'en ai ni l'énergie ni l'envie. Je reste sur mon lit avec mes idées sinistres. J'essaie de trouver un sommeil refuge, rien n'y fait. Je ne peux pas m'empêcher de faire un lien avec ma folle semaine en Guadeloupe où j'ai profité goulûment de ma vie comme si c'était la dernière fois que je pouvais le faire, comme si j'en avais eu la prescience.

À cet instant, je ne vois pas ce qui pourrait me soulager de cette douleur dans ma poitrine. C'est un poids horriblement lourd qui m'oppresse, m'étouffe littéralement.

Je cherche désespérément dans mon passé ce qui a bien pu provoquer cette crise. Tout y passe : mon enfance, mon adolescence, mes parents, mes deux sœurs, mes études, mon service militaire en Amérique centrale, mes premiers petits boulots, mon métier. Je ne trouve rien, aucune explication valable, mais tout est désormais recouvert d'un voile noir. Peut-être n'aurai-je plus jamais droit au bonheur, à l'insouciance. Le cauchemar vient peut-être de commencer pour ne plus jamais s'arrêter, qui sait ? Cette affreuse pensée me glace littéralement le sang, car je suis parcouru de frissons des pieds à la tête. Pour la première fois, je pense : « Dieu m'a abandonné. Qu'est-ce que j'ai donc fait pour mériter cette terrible injustice ? »

Je suis en colère, une rage froide impuissante contre je ne sais qui. Je cherche à me battre contre cette chose visqueuse qui s'est emparée de moi. J'ai l'impression d'être victime d'un alien au fond de mon ventre qui me dévore de l'intérieur. Les minutes passent lentement. Le temps est interminable. Ce sont des fantômes qui m'envahissent subrepticement. Des pensées glauques tombent sur moi comme un déluge. Que vais-je devenir ? Pourrai-je encore faire des projets ? Combien de temps ce supplice va-t-il durer ? Et d'ailleurs, va-t-il s'arrêter ?

Moi qui suis d'habitude très imaginatif, j'ai perdu toute inspiration. La frayeur et la douleur ont pris le pas sur tout. Les images des gens que j'aime défilent dans ma tête au fur et à mesure que les heures passent, ce qui engendre une pensée macabre qui me traverse soudainement l'esprit : qui viendra à mon enterrement ? Qui suivra mon cercueil ?

Je suis horrifié de me découvrir si morbide. La mort m'obsède. Faudra-t-il que je me suicide pour que tout s'arrête ? Meilleure façon de précipiter ce que je crains. J'ignore à l'époque que cette pensée d'autodestruction va me dévorer durant des années. Pourtant, à poser les choses rationnellement, tout va bien dans ma vie. J'ai beau le savoir, rien n'y fait. Tous les compteurs sont au vert et j'en ai parfaitement conscience, mais cet après-midi-là, cloué sur mon lit, je ne sais plus rien.

Je n'ai même pas envie d'appeler mes amis, mes cousins ou ma mère (je suis encore célibataire à l'époque) pour demander du secours, pour partager cette douleur immense, chercher une explication, échanger ou… n'importe quoi d'autre pour adoucir ma peine. Qui pourrait comprendre ce qui m'arrive ?

La soirée m'apportera un peu de répit, car j'assisterai à une réception organisée par l'équipage de l'expédition de l'*Antarctica*. Je serai pourtant seul comme un zombie au milieu de tous, les idées noires ne m'ayant pas quitté. Le lendemain sera sinistre : j'attendrai désespérément mon retour à Paris pour me précipiter le lundi chez le psychiatre.

À ce moment-là, la seule idée qui me maintient un tant soit peu à flot est que j'ai déjà survécu par le passé à l'inimaginable : un accident en parapente qui aurait dû me coûter la vie, deux ans plus tôt.

6.

La mort, approchée au plus près

Il fait très beau ce 24 août 1988 au-dessus de Val Louron, dans les Hautes-Pyrénées. Nous volons en groupe à environ 200 mètres du sol. J'ai 33 ans.

Passionné de parapente, je suis un accro de cette discipline qui ne tolère aucune erreur, surtout lorsque l'on cherche à réaliser les plus grandes prouesses.

J'ai choisi ce jour-là une voile très performante, plus fine et plus sensible à l'air chaud que celle que j'utilise d'ordinaire. Je ne cesse de tournoyer, porté par des courants divers, défiant ainsi les lois de l'équilibre. Je suis devenu un oiseau, libéré de la pesanteur, maître des éléments, quand, en pénétrant dans un puissant thermique, la moitié de ma voile se referme d'un seul coup et, malgré mes efforts pour reprendre le cours de mon vol, je me retrouve en torche, amorçant une chute libre de plusieurs mètres par seconde. L'impact se fait sur une pente herbeuse entre deux pierriers, accrochés à pic le long d'une paroi haute de plusieurs dizaines de mètres. Par chance, je touche le sol avec mon côté gauche, ce qui évite le choc à la tête qui aurait été fatal. Le craquement des os de la jambe, du bras et de l'épaule s'accompagne de douleurs vives comme si l'on m'écartelait. Je suis seul au monde sur cette montagne alors que le soleil commence à décliner.

J'ai une double fracture de l'avant-bras (la main est repliée sur le coude) et une épaule est disloquée. Mon pied semble ne plus appartenir au reste de mon corps, d'ailleurs il pend au bout de ma jambe ouverte et le sang pulse de l'artère sectionnée. Je sais que si je n'arrête pas l'hémorragie, mes minutes sont comptées. Malgré la douleur, je tente de boucher l'artère avec ma main droite fermée, mais il me faudrait une ceinture pour faire un garrot.

Dans la vallée d'en face, deux personnes aperçoivent la voile jaune fluo de mon parapente sur le triangle d'herbe pentu où je me vide de mon sang. Anormalement immobile, je deviens suspect. L'un des sportifs qui m'a découvert de loin est Richard Raynal, champion de France de deltaplane. Il décolle d'où il se trouve, traverse la vallée avec son aéronef et vient se poser à contre-pente. Il accourt auprès de moi et met son poing à la place du mien pour boucher l'artère. Allongé dans l'herbe, je guette le ciel en priant pour que l'hélicoptère de la protection civile, alerté par mes copains inquiets ou l'acolyte de Richard Raynal, puisse se poser malgré la forte déclivité du terrain. Quand l'hélicoptère fait un passage au-dessus de nous, je sais que Dieu (je croyais encore en Lui) a entendu ma prière. Les minutes me paraissent des heures avant que les secouristes ne puissent m'atteindre. L'hélicoptère ne peut pas se poser, il bourdonne au-dessus de moi, un sauveteur descend alors au bout d'un treuil. Il faut sans tarder me transfuser. De l'hélico descend une civière sur laquelle on me harnache. On me hisse ensuite très lentement pour éviter que je ne tournoie trop dans le vide. Avant d'arriver à l'hôpital de Tarbes, je perds connaissance et ne reprends mes esprits que beaucoup plus tard quand des hommes en blanc m'emmènent au bloc pour que je subisse une opération qui va être la première d'une longue série.

Je passerai des mois d'hospitalisation, alternant entre rééducation et opérations avec la menace de l'amputation assortie de douleurs physiques lancinantes censées être diminuées par des antalgiques comme la morphine. Au fond de ma tête, j'essaie de chasser les mots des chirurgiens, tranchants comme des scalpels, qui, en toute logique médicale, préféreraient que je leur fasse confiance pour une amputation tibiale, mettant ainsi un terme à mes douleurs. Assommé par leurs verdicts, j'en suis arrivé à la certitude de ne plus jamais pouvoir marcher comme avant, d'être handicapé pour le restant de ma vie : le désespoir en somme, la conviction que tout est fini, que le meilleur est désormais derrière moi et que je ne ferai plus jamais mon métier. Ma mère, très présente encore une fois, reste jour et nuit à mes côtés, et nous avons la force de la foi pour tenir le coup.

Là-bas, dans la clinique spécialisée où on m'a opéré – dans le service de rééducation fonctionnelle plus précisément –, j'ai vécu au milieu d'une armée de fracassés luttant contre la gravité de leur situation sans jamais se plaindre, comme si le seul fait d'être encore en vie était en soi le plus beau cadeau de l'existence.

Je les ai aimés ces lutteurs silencieux drapés dans leur dignité comme des gladiateurs ayant triomphé d'un adversaire invisible. J'ai su alors que je n'avais plus le droit de maudire les accrocs que nous réserve la vie et qui semblent d'une terrible injustice, alors qu'ici les guerriers immobiles continuent de sourire. Tout comme l'écrivain Patrick Segal, que je connais bien, qui, malgré son tragique accident qui aurait pu lui coûter la vie à l'âge de 24 ans, en 1972, et qui l'a laissé paralysé toute sa vie, a une extraordinaire joie de vivre, en dépit ou peut-être même bien dans le fond grâce au drame – comme s'il fallait frôler la mort pour connaître la valeur de la vie. Sportif de haut niveau avant son accident, il est resté dans « la course » en faisant notamment un tour du monde en fauteuil roulant en 1976, exploit dont il a rendu compte dans le beau livre *L'homme qui marchait dans sa tête*.

Quant à ma traversée, après mon accident de parapente, elle a été difficile durant plusieurs mois d'hôpital, émaillés de multiples opérations, de greffes assorties de la gangrène et d'une infection osseuse, le tout couronné d'une douleur insupportable que seule la morphine pouvait calmer.

J'ai pourtant, dès que j'ai pu, continué à exercer mon métier de mon lit d'hôpital, en animant une émission de radio sur France Inter, « Chic planète », tous les jours en direct à 15 heures, pendant une heure, sur les voyages autour du monde, avec un invité au pied de mon lit, ce qui me permettait de vagabonder autour de ma chambre. Tous étaient admiratifs. On me croyait surhumain, je faisais simplement cela pour ma survie. Pour tenir, je me raccrochais à autre chose, en espérant des jours meilleurs.

À la clinique, j'ai fait trois vœux. Le premier était de remarcher normalement alors que mes chirurgiens me parlaient d'amputation. « Mieux vaut une bonne prothèse qu'un mauvais pied », m'a-t-on dit à l'époque. J'ai gardé mon pied et j'ai réappris à marcher comme un forcené.

La deuxième promesse que je me suis faite à moi-même était de revenir à la télévision. J'ai intégré l'équipe de Philippe Gildas dans « Nulle Part Ailleurs » sur Canal+, à la grande époque des Guignols et des Nuls. Georges Pernoud, quant à lui, est venu me chercher pour animer « Faut pas rêver » et ce, pendant plus de dix ans.

Mon troisième vœu était de devenir pilote d'hélicoptère. Grâce à Frank Arrestier[1], j'ai passé sans tarder mon brevet avec mes béquilles posées à l'arrière de l'appareil. Nous avons réalisé ensemble, avec le talentueux opérateur Bruno Cusa[2], « La France vue du ciel » avant de nous lancer tous les trois dans la fabuleuse aventure de « La Carte aux trésors » qui dura pendant dix ans. Plus tard, toujours ensemble, le même trio d'amis, nous avons filmé « Les 100 plus beaux sites de l'Europe des 25[3] ». Autrement dit, mes trois désirs formulés sur mon lit d'hôpital se sont concrétisés au-delà de mes espérances.

---

1. Pilote professionnel d'hélicoptères depuis 1987.

2. À 20 ans, Bruno Cusa sort victorieux de la première « Course autour du monde » d'Antenne 2. Ce cameraman de l'extrême arpente les entrailles de la terre sous les glaciers de l'Islande, s'enfonce au cœur de l'Irian Jaya (ou Papouasie), en Indonésie, survole le monde de la Chine à l'Alaska pour *National Geographic*, la BBC, NHK ou l'émission « Ushuaïa » de Nicolas Hulot… (https://martigne.fr).

3. Pour France 3, Arte et 10 chaînes européennes. Un DVD a été édité aux éditions Montparnasse ainsi qu'un livre de photos, *Europe et merveilles*, publié aux éditions Gallimard.

JE REVIENS DE LOIN

Est-ce que ce terrible malaise éprouvé à Brest, seul dans ma chambre d'hôtel, allait avoir raison de moi alors que j'avais survécu à l'impensable ? De quelle maladie pouvais-je bien souffrir pour me sentir autant terrassé ? Se pouvait-il que ce mal qui me tombait dessus prenne littéralement possession de moi ?

7.

La bipolarité, sans détour possible

Une « bipolarité de type 2 », c'est ce que m'avait annoncé le psychiatre parisien, consulté en urgence de retour de Brest. Il m'assura alors que la souffrance pourrait cesser trois semaines plus tard avec la prise d'un antidépresseur et d'un calmant. Ce qui se révélera vrai, mais en fait je n'étais qu'au début de l'aventure, laquelle s'avère encore aujourd'hui parfois douloureuse.

On parle beaucoup de nos jours de la bipolarité. La parole se libère. Même les stars avouent facilement leur trouble, à l'instar de Benoît Poelvoorde qui dédramatise sa maladie : « Je suis bipolaire comme pas mal de monde », déclare-t-il à la presse.

Sans doute, à ce point du récit, n'est-il pas inutile de rappeler brièvement comment est défini le trouble bipolaire, classé comme le sixième handicap par ordre d'importance et que l'on nommait antérieurement « trouble », « maladie » ou « psychose maniacodépressive » ou encore « folie circulaire ».

« La personne présentant un trouble bipolaire passe par des périodes durant lesquelles son humeur est très différente. Ces périodes sont appelées "épisodes". La fréquence, la durée, l'intensité de ces épisodes peuvent varier d'une personne à l'autre. La personne peut ainsi avoir des difficultés à remplir ses obligations professionnelles, familiales et sociales. Les épisodes peuvent toutefois être entrecoupés de périodes où l'humeur est "normale". Les deux types d'épisodes caractéristiques du trouble bipolaire sont les suivants : épisode de manie et épisode de dépression. [...] Plus une personne consulte tôt, meilleures sont ses perspectives de rétablissement. [...] Le trouble bipolaire n'a pas qu'une seule cause. Souvent, c'est une combinaison de plusieurs facteurs qui entraîne l'apparition des symptômes [...] comme l'hérédité et la présence de facteurs de stress. Les recherches récentes sur les causes de la bipolarité tendent vers un dérèglement de l'équilibre biochimique du cerveau associé à une vulnérabilité au stress émotionnel et physique[1]. »

Je me demande si les nombreuses fois où je me suis senti terriblement heureux avec le sentiment intense du plaisir – notamment dans ma continuelle pratique des sports à risque –, sentiment qui calmait mon anxiété, je n'étais tout simplement pas en phase maniaque. Ce qui voudrait dire que cela remonte à ma jeunesse. Peut-être qu'intuitivement, par la pratique de l'extrême, je soulageais mes angoisses pro-

1. Trouble bipolaire l Gouvernement du Québec (https://www.quebec.ca).

fondes, que je muselais ainsi par les hormones sécrétées en abondance pendant la frayeur que je m'imposais par la vitesse et le danger.

Il semblerait que le diagnostic peut se faire aujourd'hui vers l'âge de 12 ans. Un diagnostic précoce est une chance, car plus le traitement est administré tôt, moins les conséquences sont fâcheuses. Il faut savoir que l'espérance de vie est réduite de dix ans pour les malades bipolaires à cause du suicide.

De même, je me demande si je n'aurais pas fait le choix de mon métier (inconsciemment, bien sûr) en fonction de ma maladie. Ce métier me permettait de m'exalter tous les jours, de faire monter l'adrénaline (comme avec l'émission « La Carte aux trésors » qui me rendait hyperactif et euphorique), de me renvoyer une image très positive de moi, car je relevais des défis face aux auditeurs ou aux téléspectateurs en n'utilisant pas de prompteur par exemple. Je me mettais ainsi en danger dans le direct pour mieux jouir de ma réussite, me donnant la grande satisfaction de parvenir à donner le meilleur de moi sans filet de sécurité. Le métier comportait beaucoup de stress – faire de l'antenne est une épreuve à chaque fois, ne serait-ce que pour l'exigence requise et le trac toujours présent –, mais les interviews me gratifiaient tellement qu'elles compensaient les tensions de la préparation et le dérèglement insoupçonné de mon humeur.

Je me demande donc si le mécanisme même de mon métier de journaliste de télévision et de radio – mécanisme qui alterne tensions positives et tensions négatives – ne reproduisait pas très justement la maladie elle-même, car le stress, qui est un facteur aggravant du trouble bipolaire, trouvait son antidote dans le bonheur des rencontres, dans la griserie de l'antenne, une griserie qui vaudrait ainsi chimie médicamenteuse, pare-feu à la maladie. Plus encore, n'ai-je pas cultivé l'anxiété, celle de départ, celle de l'enfance, celle qui est liée à mon caractère, au point de devenir bipolaire. Ce serait la phase maniaque en Guadeloupe qui m'aurait ouvert les yeux en me faisant vivre une phase dépressive, juste après.

J'ai toujours cherché à tuer l'anxiété en me faisant peur par des pratiques extrêmes. Je me provoquais moi-même, j'en faisais des tonnes, je montais toujours plus haut pour mieux, au final, me ratatiner à 35 ans. L'épisode du parapente deux ans plus tôt serait une belle métaphore du « manège » bipolaire : après le sommet de la vague, on sombre dans son creux. Et cela se reproduit toute la vie en autant de montagnes russes qu'il y a d'épisodes maniaques et d'épisodes dépressifs. Parfois, certains estiment que les ascensions valent le coup et tant pis si les descentes sont vertigineuses et qu'on se fracasse en bas. Dans les ascensions, l'énergie peut être époustouflante, d'une force créatrice géniale, et donner le sentiment de toute-puissance.

Kay Redfield Jamison, première experte américaine du trouble bipolaire, dont elle souffre elle-même, avance cependant ceci : « Il n'est pas indispensable d'être atteint de troubles de l'humeur pour accomplir une œuvre de génie et la plupart des maniacodépressifs ne sont pas particulièrement au-dessus du lot mais le fait est que les individus doués de créativité sont plus souvent atteints par ce type d'affection que la moyenne. Ce ne doit pas cacher une vérité médicale : le trouble bipolaire est une maladie sévère aux conséquences personnelles, familiales et sociales douloureuses et parfois dramatiques. Elle est source de souffrances pour le patient et son entourage. Si certains artistes sont ou ont été atteints de maladie bipolaire, c'est malgré celle-ci et non grâce à celle-ci qu'ils ont pu nous transmettre leur œuvre. »

Il en serait ainsi de nombreuses personnalités telles que Nietzsche, Napoléon, Churchill, Lincoln, Goethe, Virginia Woolf, Hemingway, Schumann, Berlioz, van Gogh, Kim Novak, Jim Carrey, et bien d'autres.

Toutes ces personnalités sont – ou ont été – fécondes malgré la maladie.

Pour moi, la bipolarité n'aide pas à créer ; elle détruit plutôt et surtout elle anéantit les relations humaines. Un bipolaire se retrouve souvent seul pour avoir épuisé son entourage en phase maniaque et l'avoir désespéré d'impuissance en phase mélancolique. On fatigue en effet par notre énergie, par nos rires parfois hystériques, nos demandes démesurées, nos projets rocambolesques, nos achats onéreux et compulsifs, nos mots et nos gesticulations en excès, tout autant que par notre apathie, notre côté sinistre, éteint, taciturne, sombre. Non, le blanc et le noir ne s'épousent pas. Ils se livrent au contraire une bataille acharnée, et comme ils sont de force égale le combat est sans fin.

8.

La vie en noir et blanc (saison 1)

Dix ans après mon premier épisode dépressif, fin des années 1990, la maladie a bien pris possession de moi. J'ai 45 ans. Le mal a été sournois, me laissant croire tout d'abord à un évènement isolé. J'ai même cru y avoir échappé. Je n'y pensais plus. Je vivais comme toujours. Mais lentement, subrepticement, comme la mer qui monte, la maladie a, par courts moments, tout recouvert : mes joies, mes espoirs, mes souvenirs.

En plein accident dépressif, je ne suis plus en mesure de relativiser et de faire le dos rond pour attendre de retrouver le calme. Dans la phase d'abattement – et heureusement elle ne dure pas longtemps –, je n'ai plus de projets, plus d'envies, et quand bien même j'en aurais, l'énergie me fait défaut. À ce moment-là, je me sens complètement vide. Je suis à bout de forces. Je crois que tout est fini, mais non, magiquement, ça recommence, le soleil repointe son nez à l'horizon et je vis à nouveau comme avant, avec ma joie chevillée au corps.

La bipolarité est une lutte perpétuelle entre une gaieté hystérique et une tristesse sans fond qui, chacune à tour de rôle, occupent le devant de la scène comme deux grandes tragédiennes. Le mieux est quand elles restent toutes deux en coulisses (à se préparer, inévitablement), car je peux disposer de longs moments de calme.

La blessure la plus profonde, peut-être en plus de l'angoisse, est, à ce moment-là de l'effondrement psychique, la nostalgie d'un passé qui apparaît alors comme définitivement révolu, celui d'une vie épanouie. Je faisais en effet un très beau métier et je vivais dans une très belle maison à Paris, nichée sous un cèdre au sein d'un parc magnifique, celui de la Malmaison, avec mes deux enfants, Manon et Hadrien, et Carol, ma femme, que j'aime aussi pour sa générosité sans limites, son abnégation. Elle a le don de faire passer ses envies après les désirs de ceux qu'elle aime. Elle est tout simplement heureuse de rendre heureux. Mon bonheur cependant me semblait désormais bien loin.

Pendant la péripétie de la maladie, assez courte heureusement, j'oscille alors entre la colère et la peur, la rage et l'angoisse. La colère devant ce mal injuste, cette malédiction, cette saloperie qui se répand sur tout, qui gâche les plaisirs les plus simples de l'existence. Je me rends compte que c'est la première fois que j'éprouve cette émotion : la colère. Elle était étrangère à ma vie jusque-là. Je me souviens même d'avoir été étonné d'éprouver cette émotion nouvelle. Je ne criais pas, ni ne tapais des poings dans un mur, non, ma colère était intérieure, muette. Elle brûlait comme un alcool trop fort. Je me sentais révolté, dans une attitude de refus face à la réalité. Je disais non, non et non. Je ne voulais pas. Je fermais mes oreilles et mon esprit à l'évidence. Mes cris étaient muets. J'étais seul face à cette vérité. Je ne savais pas si j'en voulais à quelqu'un ou même à moi. C'était une révolte sourde que j'éprouvais contre cette créature qui avait pris place en moi sans crier gare et qui allait se jouer de moi comme d'un vulgaire pantin. J'avais la sensation permanente de sa présence sans pouvoir la localiser pour l'extirper. J'avais une rage folle qui me renvoyait à mon impuissance. Je sentais bien que je pourrais hurler à la mort, mais je savais aussi que cela ne servirait à rien. Je ne pouvais rien à ce qui m'arrivait, c'était plus fort que moi.

Il y avait aussi et surtout l'angoisse de l'avenir à l'idée que la maladie puisse encore empirer. Dans le moment dépressif, aussi bref soit-il, un flot perpétuel de pensées sombres me fait souffrir au-delà du raisonnable. Je n'arrive plus à vivre dans cette insouciance sans laquelle la vie normale n'est pas possible. Un élément insidieux avait joué un rôle dans l'arrivée de ce malheur – une phrase, une simple phrase comme une maudite réflexion : « À quoi bon ? » Appliquée aux objectifs qui se présentent quotidiennement à nous, elle décourage toutes les initiatives. Pourquoi est-elle devenue omniprésente, jusqu'à rendre tout absurde ? Mystère.

Où que je me tourne alors, c'est la désolation. Comment faire pour rebondir, pour redonner du sens à cette vie qui n'en a plus ? Bien sûr, il y a les « autres », vers qui je voudrais aller pour tenter d'échapper à l'isolement que crée cette maladie. Ils offrent parfois un répit, l'espace d'un moment, une diversion pour moi qui ai tant aimé plonger dans des univers différents du mien. Cependant, un fossé s'est creusé. Quand je suis profondément déprimé, je ne supporte pas d'entendre ces phrases perpétuelles qui veulent me secourir : « Secoue-toi, Sylvain, il faut faire abstraction de tout ça, il faut que tu retrouves ta forme d'avant. Il faut..., il faut..., il faut... »

Tout ce que je ne peux pas entendre, tout ce qui ne sert à rien dans les moments critiques et douloureux. Ma solitude est totale. J'ai le sentiment que mes amis m'ont abandonné à mon triste sort. Je sais que je n'ai pas, moi, l'énergie de les appeler à ce moment-là, car la psychose maniacodépressive est un ouragan destructeur qui ravage tout sur son passage. Tout s'est désintégré, désagrégé comme si ma vie n'était plus qu'un vulgaire château de sable. Aller au restaurant ? Voir une pièce de théâtre ? un film ? Faire une balade ? Manger un gâteau ou boire un verre ? Rien. Plus rien ne me fait envie dans ces moments-là. Lire un nouveau livre ? Partir faire un voyage ? Écouter de la musique ? Cela me semble vain. La souffrance de l'angoisse est tellement dense que je ne suis polarisé que sur elle, dissolvant ainsi chez moi toute curiosité, tout attrait.

Le pire est que je ne vois aucune perspective d'amélioration, car chaque réveil, pendant la phase dépressive, est comme un mauvais rêve : « Non, ce n'est pas vrai ! Ce n'est pas en train d'arriver ! Tu vas émerger de ces brumes et tout va se dissiper ! »

C'est une souffrance physique, biologique, bien au-delà des mots, une centrifugeuse dans le ventre, une paralysie du corps. La bouche devient sèche, je suis pris de vertiges quand je me lève. C'est un dérèglement chimique du cerveau, une sorte de diabète des cellules nerveuses. Aujourd'hui, il ne me faut pas moins de cinq psychotropes par jour pour arriver à supporter cette douleur indicible et inimaginable pour les autres. Grâce à ce traitement médical, je peux vivre à présent sans tomber trop bas. Sans être roué de coups par la maladie. Quelquefois, elle s'autorise à me donner une gifle ou deux, mais cela n'a plus rien à voir avec les assauts sauvages des dépressions anciennes.

Cette malédiction est génétique, m'a-t-on dit, directement transmise par un ascendant – en l'occurrence mon père et mon grand-père. Il faut savoir que l'on n'en guérit jamais. On ne peut rien contre la génétique, rien, même mon enfance des plus épanouies n'a pu contrer ce terrible déterminisme biologique. Même l'amour immense de ma mère n'a pu me protéger contre ce mal héréditaire.

9.

Hélène Augier, ma mère, mon cocon, ma douleur

Ma mère, je l'adorais. Elle était pour moi parée de toutes les qualités. « Amours de nos mères, à nul autre pareil », dit Albert Cohen dans *Le Livre de ma mère*. C'est elle qui a assuré mon éducation avant que j'entre au collège, rompant ainsi avec les merveilleuses journées passées auprès d'elle.

J'étais couvé, adulé par cette mère très présente, sans presque aucune lecture à part *Le Petit Prince*, *Mickey*, *Lucky Luke* et *Tintin*. Durant ma petite enfance, il n'y eut ni télévision ni radio mais beaucoup de musique. Nous allions parfois au cinéma voir les Walt Disney. Je me souviens de l'émerveillement que m'avaient procuré *Blanche-Neige*, *La Belle au bois dormant* et *Les 101 Dalmatiens*. J'aimais aussi beaucoup les westerns et John Wayne était mon héros.

Je n'étais pas à plaindre. J'étais dans un doux cocon, tout n'était que bienveillance, calme et tendresse ; un cocon trompeur cependant puisque j'étais coupé du monde. Jusqu'à mes 12 ans, je n'ai eu aucun contact à l'extérieur. Il m'était facile ainsi d'être persuadé d'être le meilleur. Cette conviction me permettra certes plus tard de réaliser des projets fous bien au-delà de mes espérances, mais me coûtera aussi très cher. Les rapports humains ne sont pas basés sur la douceur, comme je l'ai cru pendant mes premières années, et j'en souffre encore aujourd'hui. J'ai été longtemps habitué à une absence complète de compétition et à un amour inconditionnel, seul dans ma bulle. Ma mère avait pris la place de Dieu, ou en tout cas partageait son trône : « Tant que je suis là, il ne vous arrivera rien », disait-elle toujours. Si j'avais besoin de mots pour me rassurer, si j'avais besoin d'être consolé, elle était là. Sa seule présence, son existence valait protection. Ma mère me réconfortait avec sa bonté et son sourire permanent. Elle irradiait une joie de vivre hors du commun. Mes prières d'enfant lui étaient toujours adressées et elles étaient toutes exaucées.

C'est donc ma mère qui m'a appris à lire, à écrire et à compter en lieu et place de l'école. Elle devait être d'une patience que j'imagine infinie. Elle me dira beaucoup plus tard que je me roulais par terre plutôt que de l'écouter, mais que rien ne l'arrêtait dans son devoir de maman-institutrice qu'elle avait délibérément choisi avec un fameux cours privé, le cours Hattemer, et son enseignement à la maison. Rien n'était assez bien pour nous, mes petites sœurs et moi. Notre mère était incroyablement attentive au moindre de nos désirs, sûrement trop. Certains diraient qu'elle était omniprésente, voire toute-puissante.

Je la revois descendre à la cave pour charger la chaudière à charbon, élégante pour une telle tâche, soignée jusque dans les moindres détails, belle comme le jour et étonnamment charismatique, toujours prête à plaisanter et à faire la fête avec nous. Elle ne se mettait jamais en colère, ne nous grondait pas, tout se passait toujours avec aménité. Elle était douée d'une autorité naturelle, ce qui faisait qu'on lui obéissait volontiers, juste pour lui faire plaisir.

J'ai souvenir cependant d'un seul emportement alors que j'étais sans doute insupportable. Cette fois, elle était fortement agacée mais n'avait pas élevé la voix pour autant. Sa colère était plutôt froide, rentrée. Elle était fâchée et je le voyais bien, car elle avait le visage pincé. Pour resituer la scène, ma mère s'était mise à raccommoder un vêtement que j'avais déchiré sans le lui avoir dit. J'étais effondré de lui avoir causé du chagrin, de l'avoir peinée au point qu'elle avait dû se retirer dans sa chambre pour s'y enfermer. Je n'oublierai jamais ce moment et je m'étais promis de ne plus recommencer. J'avais déçu ma mère.

Le chef de famille, c'était elle. Hélène. Mon père, Pierre Augier, trop pris par son métier de directeur d'entreprise, était quasiment absent. Quand il était là le dimanche, après avoir assisté à la messe à Montmartre, nous nous installions près de lui au piano pour chanter. Notre mère nous accompagnait de sa voix mélodieuse. Elle était la fée de l'instant présent. Elle était une maman modèle qui avait projeté sur moi une ambition forte, ne doutant jamais de moi. J'ai longtemps gardé la certitude que tout m'était dû. La vie se chargera de me démontrer le contraire.

En tant qu'aînée d'une fratrie de 14 enfants (12 filles et 2 garçons), Hélène avait eu très tôt la responsabilité de ses frères et sœurs et surtout le « privilège » d'être choisie par son père pour être sa favorite pendant des années. Elle en gardera la marque toute sa vie et restera amoureuse de lui tout au long de son existence. Personne ne lui arrivera à la cheville – pas même Pierre, son mari !

Elle me parlait souvent de son père, Jules Pigasse, mort en 1951 d'une crise cardiaque – je ne l'ai pour ainsi dire pas connu –, et qui, d'après ses récits, était admirable, doux, très cultivé, très croyant, avocat et bâtonnier à la cour d'appel de Toulouse, mainteneur des Jeux floraux, président de l'académie littéraire toulousaine, créateur et grand protecteur d'une immense famille, propriétaire d'une magnifique demeure depuis 1927 – suffisamment grande pour abriter toute sa couvée. Pour ma mère, il était exceptionnel, incomparable.

Mais qu'en était-il de nous ? Quelle place dans le cœur de notre mère nous laissait cet homme déterminant ? Autant de questions que je me suis posées longtemps après sans jamais trouver de réponses. Ma mère est restée secrète sur le sujet, mais elle n'a clairement jamais accueilli son époux dans sa citadelle et leur couple, hélas, en pâtira toujours. Pour moi, aucune souffrance : le deuxième homme de sa vie après Jules, c'était moi. Ce sont mes sœurs qui m'en ont fait prendre conscience beaucoup plus tard. J'étais privilégié au-delà des mots. J'étais le « petit prince » seul sur sa planète, capricieux, égoïste sans doute.

Il y a quatre ans, en 2019, quand je vins la voir une dernière fois dans la chambre funéraire, je fus frappé par sa raideur cadavérique, son visage bleuté et ses lèvres violettes étroitement serrées. Ma mère était coiffée en arrière et ses mains étaient jointes comme dans une dernière prière. Le silence étouffant m'oppressa, pourtant j'avais l'impression de l'avoir vue respirer. J'ai approché alors ma main pour caresser son visage, il était rigide et glacé, il me faisait frissonner. Elle avait 89 ans.

Je l'ai embrassée sur le front comme je l'avais toujours fait en lui disant que je l'aimais, « ma petite maman. » J'ai réalisé subitement en la regardant que je n'entendrais plus jamais sa voix douce ni son rire si communicatif. Elle était si joyeuse, si gaie. Plus jamais ! Cette phrase tournait en boucle dans ma tête. C'était un constat terrible, un chagrin que rien ne pouvait consoler.

Le vide qu'elle laissait était immense, il était au-delà des mots. Pendant la messe et le requiem de Mozart joué au piano par ma filleule Florence, devant son cercueil en présence de ma femme et de mes deux enfants, je ne pouvais retenir mes larmes de couler. Plus jamais je ne reverrais ma mère. Ma mère était morte.

10.

Les ombres d'un jeune homme en fleur

Est-ce mon environnement familial, l'éducation que j'ai reçue ou la maladie déjà qui agissait en moi, mais je me revois clairement, à l'âge de 16 ans, roulé en boule dans le noir. Je restais parfois sur mon lit, volets fermés, pendant des heures, au milieu d'une belle journée d'été ensoleillée dans ce village de l'Aude que j'aimais tant. Ma mère et ma grand-mère paternelle, Suzanne Augier – qu'on appelait Mimi –, étaient là, impuissantes. J'étais adolescent, la vie était pourtant prometteuse. Les amis et les cousins étaient autour de moi et je ne m'expliquais pas ce cafard qui ne reposait sur rien.

C'était un mal-être profond, une sorte de désespoir qui me paralysait et me tombait dessus dès le réveil. Sans doute cela allait au-delà du malaise adolescent provoqué par les changements hormonaux, par l'avancée chaotique vers l'âge adulte qui apporte son lot de peurs et de désirs. Sûrement était-ce une forme de mélancolie déjà qui était le terreau favorable à l'émergence de ma bipolarité. Plus rien n'existait que cette souffrance qui me sautait dessus par surprise et qui tenait dès lors le siège sans motif valable. Rien ne me calmait, je n'avais envie de rien. Je ne ressentais plus aucun désir de vivre. Otage de moi-même, je pouvais rester enfermé longtemps dans cette chambre misérable dont les vieilles couvertures qui descendaient du plafond masquaient les murs défraîchis et le vieil escalier en bois qui menait au grenier. C'était une maison modeste que celle de Suzanne. Sa petite demeure était un peu à l'extérieur du village tout au bord de la rivière au débit tumultueux qui descendait de la montagne noire. On venait me chercher, bien sûr, mais sans résultat. Tous les prétextes étaient bons : le déjeuner, le ping-pong, le baby-foot, une bataille de mottes de terre, ou de marrons à l'automne, un combat façon « gladiateurs » pour nos affrontements fraternels entre copains, une partie de boules – je participais à l'époque à des concours de pétanque qui me passionnaient pourtant –, mais rien n'y faisait, je ne bougeais pas, ligoté par mes idées aussi noires que l'encre de Chine, redoutables geôlières. On me cataloguait alors comme un garçon fréquemment de mauvaise humeur et qui avait le don de râler – que sais-je encore ?

Que se passait-il dans ma tête ? Un désespoir soudain, plus aucune force. Il n'y avait rien à l'horizon pour me redonner ne serait-ce qu'un peu de joie de vivre. Tout était une épreuve : me lever, prendre une douche, m'habiller, dire simplement bonjour. Tout, en somme. Mon seul abri, ma seule façon d'échapper à la réalité de mon état était mon oreiller dans la pénombre.

Je me revoyais petit, sur les genoux de ma mère, le visage calé contre son corsage. Je respirais son parfum et m'endormais au son de sa voix si douce. J'aurais voulu redevenir cet enfant qui me semblait serein, heureux de vivre, insouciant, et surtout qui ne se posait aucune question. À cette époque, il n'aurait pas fallu me le dire deux fois que la tarte de Mimi sortait du four. Rien que l'odeur des pommes caramélisées me faisait cesser tout jeu, séance tenante. Je vivais l'instant sans me projeter, sans ressasser les souvenirs non plus. Le présent était assez riche en évènements pour que je le goûte à pleines dents sans que mon cœur ne se serre.

Dans mon lit, à 16 ans, c'est tout autre chose, je me sens écrasé par un corps invisible qui me maintient fermement le dos contre le matelas. J'aurais envie de pleurer, je n'y parviens pas. Cela me ferait du bien, j'en suis certain, les larmes ne viennent pas. Je suis désespéré, je ne sais pas de quoi, ce qui accentue encore davantage mon désespoir. J'entends les jeux des enfants au loin, le chant des oiseaux, le départ d'une voiture, les rires, et je me sens très éloigné de cette réalité-là. Je me sens comme vivant sous la terre, immobile pour l'éternité. Mes yeux ouverts ne le sont que sur l'obscurité environnante. Mes oreilles captent les bruits du jour comme amortis par la bulle qui m'enveloppe. Je suis comme un fœtus qui ne naîtra jamais et qui s'asphyxie peu à peu dans son liquide amniotique.

Et puis l'épreuve passait comme elle était soudainement venue. Elle se dissipait comme un nuage noir sans laisser de traces. Du moins, c'est ce que je croyais.

Mimi voyait bien mon désarroi mais elle ne pouvait rien pour moi. Elle se sentait démunie, elle qui avait pourtant vécu avec un mari neurasthénique et qui commençait à être confrontée aussi aux états dépressifs de son fils Pierre. À ce moment-là de ma vie, j'ignorais bien sûr tout de leur maladie. Les mots m'auraient de toute façon été complètement inutiles, car je n'aurais rien compris. Je ne saisirai tout cela que bien plus tard.

Le seul souvenir que j'ai de mon grand-père Paul Augier est celui d'un homme sombre, taciturne, enfermé dans ses pensées, ne participant à rien – pour tout dire, il était abominablement sinistre aux yeux de l'enfant que j'étais. Souvent, il était absent aux repas et sans doute parce qu'il n'avait pas la force de s'extraire de son lit. Ce n'était pas tant pour nous protéger de sa dépression que pour s'épargner lui-même la corvée que représentait à ce moment-là, pour lui, le simple fait de se nourrir en famille. Je le revois complètement prostré dans son fauteuil. Il ne souriait jamais. Il devait être tourné vers l'intérieur de lui-même, abîmé dans le spectacle horrifique de ses pensées funèbres. Je garde vraiment dans mon souvenir l'image caricaturale d'une absence totale de joie de vivre. Comment Mimi a-t-elle fait pour supporter cela ? Je pense qu'elle avait en elle une force de vie instinctive qui lui permettait de faire face. Elle relativisait beaucoup, ne compliquait rien, s'en tenait à l'instant présent et tâchait de faire simple.

Quant à ma mère, totalement étrangère à cet univers de la maladie psychique (qui cependant commençait à pointer parfois le bout de son nez avec les mélancolies de son mari), elle tâchait de me réconforter du mieux qu'elle pouvait et m'encourageait alors à sortir, à replonger dans la vie ou à lire. Des auteurs comme Antoine de Saint-Exupéry, Richard Bach, Jules Verne, Hergé me fascinaient, elle le savait.

Ma mère m'engageait aussi à écouter de la musique. Les Beatles avaient été pour moi une apparition. L'histoire de ce groupe m'enchantait, comme celle des Rolling Stones d'ailleurs. Mon premier achat de disque fut le 45 tours « Ob-la-di, Ob-la-da », écrit par Paul McCartney et qui signifie « la vie continue » en yoruba, une langue qui se parle au Bénin, au Nigeria et au Togo. Le disque est sorti à l'automne 1968 et j'en garde un souvenir ému, pour les paroles, pour la mélodie, pour ce cadeau que je me faisais à moi-même aussi. Je me souviens très précisément que le dessin d'une pomme décorait le cœur du vinyle.

[…] « Desmond says to Molly, "Girl, I like your face"
And Molly says this as she takes him by the hand
Ob-la-di, Ob-la-da
Life goes on […]. »

Cependant, les mots de soutien ou les diverses propositions de ma mère ne trouvaient aucun écho en moi. Je la jugeais superficielle, pleine de bonnes intentions mais totalement inefficace. Je pense que je la désespérais, ma pauvre maman, mais j'étais trop tourné sur moi-même. Je m'en veux encore aujourd'hui, mais qu'y pouvais-je véritablement ? J'avais beau aimer ma mère de toutes mes forces, rien n'y faisait.

À 16 ans, je vivais des abattements qui, je ne le savais pas encore, annonçaient celui brutal qui surgirait vingt ans plus tard.

11.

La vie en noir et blanc (saison 2)

Voilà donc ce qui s'était passé : à 35 ans, une soudaine et forte excitation s'était emparée de moi pour me faire vivre pendant quelques jours, en Guadeloupe, une période terriblement euphorique au cours de laquelle tout m'avait paru possible, même l'invraisemblable, et elle avait débouché sur une profonde dépression sur laquelle le psychiatre avait mis le nom de « bipolarité ». Mes excès précédents caractérisaient en fait un épisode maniaque et préparaient la chute.

Pendant toute ma quarantaine, j'ai mis mes déprimes passagères sur le compte de mon anxiété de toujours, davantage que sur le compte de la maladie qui avait été diagnostiquée. Comme ces accablements me laissaient en paix de longues périodes, je restais dans la croyance que c'était seulement mon tempérament inquiet qui me jouait parfois de vilains tours comme lors de ma traversée du désert du Sinaï en 4 × 4 en route vers le mont Sainte-Catherine en 1990. J'avais ressenti une sensation étrange, l'impression qu'un voile opaque inquiétant me recouvrait, alors que le voyage était magnifique. Mon humeur devenue subitement sombre inquiéta alors mes camarades à qui je n'ai rien pu expliquer.

C'était la fin de la journée et, en un éclair, tout était devenu un cauchemar : rouler sur la piste, s'installer sous les grandes tentes, dormir à la belle étoile. Tous ces plaisirs simples étaient balayés, anéantis d'un seul coup, laissant la place à un mal-être prégnant, sans aucun fondement. Et cela passa aussi vite que cela était apparu. Le lendemain, j'étais redevenu égal à moi-même.

Comment aurais-je pu imaginer que c'était la bipolarité la grande responsable et que, patiemment, elle me grignotait de l'intérieur, creusant des galeries au fond de mon cerveau ? Ainsi, je n'étais plus à l'abri d'une attaque mélancolique. Je me souviens d'une virée en Ski-Doo dans les Laurentides, au Québec, pour aller observer une splendide aurore boréale. Je vécus un terrible abattement pendant quelques heures.

Une expédition sur un voilier dans les canaux de Patagonie fut à un moment donné tout aussi désastreuse à cause d'une poussée d'angoisse. De même lors d'un convoyage sportif sur un multicoque dans l'Atlantique, mais aussi lors d'un vol en patrouille d'hélicoptères pour descendre à Dakar, où je subis de lourds accablements. Toutes ces expériences exceptionnelles au cœur de paysages superbes, en compagnie de personnes formidables avec qui j'avais tant à partager, auraient dû embellir ma vie, mais elles furent gâchées par ces nuages d'orage épouvantables. Je me donnais à fond pour préparer ces voyages qui me faisaient tant rêver, mais je m'écroulais en les réalisant et il me fallait une énergie folle pour surmonter ce cafard qui tuait quelques heures de mes jours. Impossible de m'expliquer dans ces moments-là : je garde le silence. Jean-qui-rit est devenu Jean-qui-pleure. Je n'ai qu'une envie alors, c'est de dormir. Je serre les dents, je m'accroche au moindre détail. Je m'oblige à fixer mon attention sur ceux qui m'entourent. Dans le cas des expéditions que j'ai évoquées, je me concentre sur les gestes du pilote d'hélicoptère comme si j'avais à en apprendre les compétences, sur les mots du guide, sur la bonne humeur de mes coéquipiers... Je m'agrippe à leur enthousiasme comme si je saisissais une corde pour m'extraire d'une crevasse. Je m'accroche à leur énergie avec l'intention de tenir le plus longtemps possible sans m'écrouler. C'est artificiel, je le sais, mais j'espère qu'à force de faire semblant, je vais y croire moi-même. J'essaie de piéger mon malaise. Je me cale dans ma respiration pour rester à flot. Je donne des coups de pied aux fesses de mon cerveau. Je suis volontaire de manière caricaturale. Je force ma gestuelle. Tout est un peu outré. Je sens que je ne peux pas et je me dis que je peux quand même. L'effort est insurmontable et cependant je mobilise encore une dernière petite force pour m'en sortir. Je me répète comme un mantra que ce que je vis est *exceptionnel*, *fascinant*, *hors du commun* pour me donner une dose salutaire d'endorphines. J'essaie d'oublier la perspective sombre et angoissante qui m'enveloppe, celle qui transforme mes nuits en un long cortège d'insondables cauchemars. C'est un combat de chaque minute.

Carol, mon épouse, sait comment s'y prendre pour tenter de m'extirper de ma léthargie quand je ne vais pas bien. Elle sait qu'il faut qu'elle ait de l'énergie pour deux dans ces moments-là. Alors elle me houspille gentiment, me secoue avec tendresse. C'est salutaire. L'apitoiement, l'empathie trop marquée, le maternage me seraient fatals.

« Sylvain, allez, tu as bien assez dormi ! Lève-toi ! J'ai laissé le chauffage dans la salle de bain, profite qu'il y fasse bon. La douche va te faire grand bien », dit-elle avec une belle voix gorgée d'entrain.

La douche ! Cela me semble absolument insurmontable de m'extraire de dessous les draps, de poser un pied au sol, de me mettre debout. Me déplacer jusqu'à la pièce voisine me paraît surhumain. À quoi bon une douche ? Tout est une épreuve. Marcher jusqu'à la baignoire, me mettre nu, faire couler l'eau. Entrer dans la vasque.

« Sylvain, dépêche-toi. Botte-toi un peu les fesses, sinon tu es au lit jusqu'à ce soir ! Viens, ton café est servi ! »

Carol est créative dans ses sollicitations. Elle a de la ressource pour ne pas me laisser glisser vers la pétrification. Elle sait inventer des obligations, juste pour me contraindre à me bouger un peu.

J'aimerais y arriver mais je n'y parviens pas. Je suis toujours sous les couvertures. Et j'ai refermé les yeux, espérant m'endormir à nouveau. Le sommeil est mon asile et souvent il se refuse à moi quand j'ai dormi de longues heures et que mon corps est bien reposé.

Dans un effort titanesque, je parviens jusqu'à la chaise de la cuisine. Chaque pas est une victoire. Je m'affale à ma place habituelle. Je me moque complètement de mon café chaud qui ne me fait pas envie du tout comme ce qui est sur la table du petit-déjeuner. Prendre la tasse dans ma main me semble définitivement impossible. C'est décourageant et je ne vois pas d'issue, aucun remède à cette dégringolade.

Carol a réussi au moins à me faire sortir du lit. Elle s'estime heureuse et me gratifie d'un baiser avant de partir travailler.

« Prends-toi en main, chéri. Regarde-toi, tu vis comme un vieillard ! »

Alors, avec l'énergie du désespoir, je me force. Elle ne me retrouvera pas devant mon café froid, en pyjama, à regarder une mouche les pattes engluées dans une tache de confiture.

« La dépression, c'est un alibi », dit-elle souvent pour me faire réagir.

C'est douloureux, épuisant, mais je parviens alors à me doucher et à ne pas aller me recoucher.

Mon épouse m'accompagne sans faillir depuis plus de trente ans. Je l'admire beaucoup et je l'en aime chaque jour davantage, car elle joue pour moi, en plus d'être ma femme, le rôle d'aidant qui peut être parfois très ingrat. J'en ai bien conscience. Elle a été mise à rude épreuve par ma maladie elle aussi. Elle se sent parfois impuissante, ne peut prévoir mes rechutes, ne sait pas toujours quoi faire. Sans doute a-t-elle eu parfois envie de quitter le navire. Je l'aurais fort bien compris. Et pourtant, Carol est encore à mes côtés. Je reconnais ma chance. Carol est ma force quand je n'en possède plus. Elle est ma joie quand je n'en éprouve plus, elle est mon avenir quand je pense ne plus en avoir.

Parfois, il y a un répit dans ma phase dépressive : quelques instants, toujours en fin de journée, parfois une heure ou deux, parfois une soirée entière, mais inévitablement la torture reprend au réveil. Je ne parviens pas à me mettre en action. Même quand le téléphone sonne, je ne me sens pas l'énergie d'aller décrocher pour prendre l'appel. La seule idée d'une conversation a raison du peu de ressources que je possède encore. La sonnerie retentit et, en une fraction de seconde, je me sens terriblement fatigué, comme si le son de l'appareil avait aspiré tout mon courage. Je passe ainsi mes journées immobile. Je ne me livre qu'à l'analyse stérile de ce que j'éprouve. Ni une balade, ni une sortie, ni un projet quelconque ne retiennent mon attention. Rien qu'à l'énoncé de ces perspectives, je ressens une immense lassitude. C'est comme si une ampoule grésillait. Cela m'irrite immédiatement. « Non. » Je réponds non à tout. La moindre invitation est un martyre. Même la nouveauté, l'inattendu, la surprise ne m'atteignent pas. Je suis mort sans l'être, car si je l'étais vraiment, au moins je ne souffrirais pas. Je suis juste conscient du temps qui passe et de l'espace dans lequel je me trouve. Je suis un étranger à moi-même. Ai-je vraiment été un jour dans l'action ? Je me pose la question tellement l'homme que je suis devenu à regarder les heures avancer lentement à l'horloge ne me ressemble pas. Je peux passer mes journées à faire… rien.

12.

Sourire quand même

Malgré l'effet de balançoire de la maladie, je poursuivais bon an mal an ma vie et mon travail puisque les épisodes dépressifs ne duraient jamais.

Il m'arrivait, lors de mes déplacements dans Paris au guidon de mon scooter, de ressentir les premières affres du mal-être qui s'évanouissaient instantanément dès la plongée dans le travail. Je sais qu'entre 35 et 55 ans, je ne laissais rien paraître dans mon monde professionnel, que ce soit à la radio ou à la télévision. Aucun de mes collègues n'a fait allusion à un changement chez moi. Je donnais le change à tout le monde, car j'avais appris cela depuis longtemps : sourire en parlant.

Ma longévité à l'antenne résidait aussi dans le fait que j'avais une voix à l'enthousiasme communicatif. Je n'ai aucun mérite en cela, car c'est un don de la nature que je ne suis pas le seul à posséder. D'autres voix restent gravées dans la mémoire des auditeurs et des téléspectateurs.

J'affichais ainsi chaque jour une franche joie de vivre. Un authentique sourire remplaçait rapidement celui simulé quand il me fallait faire bonne figure et que cela n'allait pas.

Parfois, il suffit de faire semblant et ainsi, par l'entremise de l'artifice, le réel advient.

Dans l'émission de télévision « Faut pas rêver », je recevais des invités que j'admirais. L'admiration convoque de belles énergies et produit de bonnes hormones. J'ai aimé ces moments privilégiés qui me mettaient en état de grâce. Quel plaisir que celui d'échanger avec des personnalités brillantes, cultivées et intelligentes ! Nous commentions ensemble pendant quelques minutes des reportages passionnants sur des voyages, sur des rencontres avec d'autres civilisations. Cela me donnait le frisson d'entendre et de regarder des histoires profondément humaines ou exotiques. J'étais émotionnellement très perméable à la beauté et à la singularité de chaque récit. Ce que j'ai vu, je m'en souviens, cela me constitue désormais et me nourrit encore. Dans une anaphore à la Georges Perec, je pourrais faire une longue énumération de mes émerveillements.

Je me souviens du Pha That Luang, au Laos, dans la ville de Vientiane, la capitale du pays. C'est un gigantesque monument bouddhiste qui date de 1566, entièrement recouvert de feuilles d'or et de métaux précieux.

Je me souviens du fort de Cape Coast, l'un des châteaux forts de la côte ghanéenne inscrit à l'Unesco. Il fut un lieu important de la traite négrière sur la Côte de l'Or.

Je me souviens du site Hierve el Agua dans l'État de Oaxaca, au Mexique, de ces deux cascades impressionnantes qui ont sculpté dans la roche une véritable œuvre d'art.

Je me souviens des monastères de Bucovine, en Moldavie roumaine, bâtis dès le XVe siècle, dont l'architecture est d'inspiration byzantine.

Je me souviens de Busan, la deuxième grande ville de Corée du Sud, que l'on appelle le « Pays du matin calme ». Je me souviens notamment de Gamcheon, le village aux ruelles étroites et aux façades des maisons aux couleurs vives.

Je me souviens des sites naturels exceptionnels et des architectures admirables de nombreux autres pays visités comme le Niger, la Pologne, le Sri Lanka, le Pakistan, le Tchad, la Tanzanie…

Mes invités de passage réagissaient d'une façon inattendue, souvent très originale, à ces documentaires travaillés par nos reporters. Je choisissais avec attention ceux qui allaient venir réagir à ces aventures humaines et j'ai rarement été déçu. Parmi tous mes invités, celle dont je garde un souvenir particulièrement ému, non seulement par son charisme et son goût immodéré des autres, est sans nul doute Sœur Emmanuelle. Pour elle, j'avais choisi un reportage tourné dans un camp de réfugiés qui fuyaient la guerre et la misère. La caméra s'était attardée sur un enfant d'une dizaine d'années qui jouait du violon. En écoutant ce petit virtuose en haillons dont les notes nous faisaient monter les larmes aux yeux, je vis le visage de Sœur Emmanuelle se transformer et prendre l'apparence de celui d'une petite fille.

Puis elle me dit cette phrase dont je me suis toujours souvenu après toutes ces années : « La pauvreté n'est pas une malédiction. La richesse n'est pas la panacée. »

J'animais aussi à l'époque, tout en subissant les caprices de ma maladie, une émission hebdomadaire de radio sur

France Inter, le samedi à midi (« Rendez-vous, vous êtes cernés ! »), où j'étais reçu par mes invités à leur domicile pendant une heure.

C'était l'occasion, lors d'un survol de leurs parcours, de partager leurs souvenirs, ce qui provoquait chez moi une grande joie. Tous les domaines y avaient leur place : le théâtre, le cinéma, la musique, la littérature, l'Histoire, la philosophie, la poésie, la religion, la politique, le sport, la médecine, la science, la mode, la cuisine… Toute la société civile était représentée, de quoi assouvir ma curiosité sans limite. J'ai rencontré ainsi le scientifique Axel Kahn, le chef cuisinier Guy Savoy, le grand couturier Karl Lagerfeld, le journaliste, écrivain et homme politique Dominique Baudis, le judoka David Douillet, le poète Christian Bobin, le metteur en scène Patrice Chéreau, les acteurs Jacques Weber et Francis Huster… Cette émission a duré près de dix ans et elle m'a servi de repérage grandeur nature pour détecter les invités partants pour venir à la télévision [1].

C'était vraiment un grand bonheur que j'éprouvais, ainsi qu'un enrichissement personnel incroyable. Cela m'aidait sans aucun doute à tenir bon dans les moments difficiles causés par la bipolarité. Chaque rencontre avec un invité nouveau était une lumière dans ma vie, une raison de repartir de plus belle. Tout à ma tâche, je m'effaçais. La maladie n'avait pas prise, l'anxiété se tenait à carreau. L'émulation

1. L'émission de télévision cartonnait. J'avais remporté deux 7 d'or en 1997 comme meilleur magazine d'évasion et meilleur animateur culturel.

qui me permettait de mobiliser le meilleur de mes capacités contrecarrait merveilleusement les chausse-trapes tendues par mon cerveau. Cela m'aidait dans ce combat rude qui ne me laissait que peu de répit.

Malgré un titre paradoxal, « Faut pas rêver » (ironie du sort, il me rappelait ma condition), l'émission faisait bien rêver ses téléspectateurs, toutes générations confondues. Et ce, sans doute, parce que l'équipe avait le souci de rendre les reportages accessibles à tous les publics, car les histoires d'hommes et de femmes, qu'ils soient proches ou lointains, racontaient des vies qui auraient pu être les nôtres. Chaque récit avait une âme propre qui trouvait une résonance en chacun de nous. J'avais la sensation d'être un passeur d'histoires comme jadis les hommes qui savaient encore conjuguer le verbe « transmettre ».

Je me souviens d'un joli moment avec mon invité, le danseur et chorégraphe Maurice Béjart. Je m'en voulais d'avoir une idée toute faite de cet artiste, peut-être en raison d'un mystère qui se dégageait de lui. Je le voyais tel un sphinx avec son énigme. Son port altier de prince d'un pays improbable, sa barbe de Méphistophélès, de démon intellectuel, son regard de chat, lui donnaient un petit côté dur, autoritaire, et je le pensais peu ouvert au dialogue, il me donnait vraiment l'impression qu'il savait tout, dominait tout, comme un démiurge. Il faut dire que j'étais allé le voir diriger en Suisse son ballet de 50 danseurs. J'y avais vu sa grande autorité naturelle, son attention incroyable au moindre détail. Il n'y avait pas de place pour l'approximation. Il était d'une rigueur implacable. Il voyait tout. Il ne laissait rien passer. Et personne ne le contestait.

« Droit, ton visage est droit, tu regardes DROIT devant », sifflait-il d'un ton sec et un tantinet agacé à son danseur de devant, après avoir repris la courbure du pied d'un autre.

— ...

— Baisse le visage maintenant. MAINTENANT.

— ...

— Recommence.

— ...

— Non. Ce n'est pas ça.

— ...

— UN, DEUX... DEVANT ! TROIS, QUATRE... EN BAS !

— ...

— Quand tu regardes devant, plus haut le menton.

— ...

— Plus haut !

— ...

— PLUS HAUT.

— ...

— EN BAS MAINTENANT ! TROIS, QUATRE ! RECOMMENCE ! »

Pour mon émission « Faut pas rêver », j'avais préparé mon interview de lui avec minutie, j'étais complètement imprégné de son univers. Tout était écrit, chronométré à la seconde près. Tout ce travail préparatoire me permettrait ensuite d'improviser sereinement. J'étais curieux de ce qu'il allait me raconter, excité comme un gosse et infiniment gourmand de son parcours, de ses expériences et de ce qu'il allait livrer.

Le défi que je devais relever à chaque émission était de résumer en quelques mots le reportage qui allait suivre pour donner envie aux spectateurs de le regarder. Je devais véritablement « incarner » l'émission, lui donner chair, faire ressentir la convivialité et l'élan de sympathie. C'est en tout cas ce que souhaitait Georges Pernoud.

Cette fois-là, je décidai de montrer à Maurice Béjart un documentaire sur la danse, qui n'avait rien à voir avec sa pratique artistique. J'étais toujours aussi grisé (avec le côté anxieux qui va avec) par ce moment délicieux que représente cette mise en danger sans filet de l'improvisation pendant l'interview. Il allait s'exprimer et j'allais rebondir sur ce qu'il allait dire. Il fallait faire preuve d'une réactivité totale, c'était très excitant. Je m'en délectais comme d'une liqueur sucrée.

Je fus très agréablement surpris de le découvrir d'une grande ouverture d'esprit et d'une immense tolérance. Il révélait une sensibilité exacerbée, une curiosité des autres magnifique. Il se dégageait aussi de lui une infinie douceur et il avait un comportement très affectueux.

Durant toutes ces années où j'apparaissais à l'antenne, je recevais du courrier en grand nombre : des lettres encourageantes, des remerciements touchants, des demandes de photos dédicacées. Le soutien était extraordinaire. Des centaines de milliers de personnes assistaient à ces rendez-vous.

Pour « La Carte aux trésors [1] », j'investissais aussi toute mon énergie, mais rien – ni mon entourage professionnel, ni le succès, ni la notoriété – ne pouvait soigner mon mal-être, tout au plus, et ce n'était pas rien, le travail et ses gratifications pouvaient me le faire oublier quelques instants.

1. « La Carte aux trésors » était un autre bel exemple de réussite : l'émission réunissait quatre millions et demi de téléspectateurs. Nous avons survolé toute la France et la Corse pendant dix ans en près de 100 émissions jusqu'en Martinique et en Guadeloupe, au Maroc et en Nouvelle-Calédonie.

13.

La vocation

Mon métier est une véritable vocation qui remonte à mes 14 ans quand je cherchais, pendant mon adolescence, d'autres modèles qui me paraissaient bien plus enviables que la situation pourtant brillante de mon père. Tous ces modèles avaient beaucoup d'importance à mes yeux, comme des guides pouvant déterminer toute ma vie.

Lorsque je sortais du lycée, je ne manquais aucune « Radioscopie » de Jacques Chancel qui, avec sa voix profonde, savait mettre ses invités en confiance. Parmi les très nombreuses personnalités conviées sur son plateau, le pilote André Turcat[1], que nous connaissions bien à Toulouse et qui nous parla du Concorde comme s'il évoquait son enfant : il venait de faire ses premiers vols supersoniques.

La radio, peut-être parce que tout se concentre sur la voix, les voix, a marqué ma jeunesse. Elle était indispensable

1. André Turcat, né le 23 octobre 1921 à Marseille et mort le 4 janvier 2016 à Beaurecueil, est un aviateur français. Il est détenteur de plusieurs records aéronautiques. Entre 1980 et 1981, il est député européen pour le RPR.

à mon quotidien. C'était « la voix » que j'écoutais chaque soir avant de m'endormir, aussi importante qu'une berceuse. C'était celle notamment de José Artur, en direct, de 22 à 23 heures, avec son fameux « Pop Club » créé en 1965 : « Écouter jaser José et ses invités, écouter le roi Artur, José Artur [...]. La vie serait bien dure si l'on n'avait pas le Pop Club avec José Artur », chantait le générique. J'avais tant envie de participer à cette émission ! Je ne pouvais pas deviner que, plus tard, j'aurais l'occasion de remplacer José Artur dont j'aimais tant la sincérité. Il disait, parlant de ses invités : « Je leur envoie des vacheries mais quand c'est bon, je le dis aussi. J'essaie d'être, dans ce métier où l'on n'est pas toujours sincère, un tout petit peu moins menteur que les autres. »

Dans une longue liste qui aurait enchanté Prévert, il y avait aussi, parmi mes modèles, Ève Ruggieri qui racontait à merveille chaque jour en direct sur France Inter, dans son émission « Ève raconte », la vie de personnages historiques célèbres. Je peux ajouter aussi Claude Villers et ses voyages fabuleux ou encore, dans un tout autre genre, le grand coureur italien Giacomo Agostini, champion du monde de moto, que je suivais dans le journal *Motorama*, auquel j'étais abonné. L'immense Jean-Claude Killy fut également une figure importante pour moi avec ses trois médailles d'or.

Et puis d'autres hommes encore ont fait partie de mon panthéon personnel, plutôt des aventuriers comme le commandant Cousteau et Paul-Émile Victor, ou encore

Neil Armstrong, que j'avais suivi une nuit en direct sur la Lune. Le 20 juillet 1969 à 21 heures 56 minutes et 20 secondes, heure locale, quand il posa le pied sur la Lune, j'étais un adolescent de 14 ans et je regardais avec sidération son arrivée comme 600 millions de téléspectateurs dans le monde entier. L'image soudain s'anima. La caméra portée par Neil Armstrong se mit à transmettre en direct des images. Le cadre était inversé. Neil Armstrong remit dans le bon sens son outil. L'image en noir et blanc était trouble et sombre. On le voyait ensuite descendre lentement l'échelle. Et il prononça sa phrase, désormais célèbre : « That's one small step for man, one giant leap for mankind » (« C'est un petit pas pour l'Homme, un pas de géant pour l'humanité »). En France, nous sommes le 21 juillet, il est 3 heures 56 minutes et 20 secondes. Quel moment intense pour la science, pour l'Homme et pour l'histoire de la télévision – et accessoirement pour le jeune homme que j'étais et qui trouvait là, en un instant, un concentré de son rêve professionnel : rendre compte avec les médias de communication à disposition des aventures humaines exceptionnelles.

Haroun Tazieff, je ne l'oublie pas. Il fut une belle rencontre.

En 1978, je faisais mon service militaire par le biais de la coopération civile à l'étranger dans la capitale du Nicaragua, Managua. Haroun Tazieff et son équipe étaient venus à ce moment-là pour l'exploration d'un des nombreux volcans du Nicaragua qui venait de se réveiller, le Masaya. Ce volcan présentait un gigantesque lac bouillonnant de lave. La descente dans le cratère fut une aventure inoubliable et la nuit blanche en compagnie de « Garouk », surnom donné au grand vulcanologue, un évènement qui allait marquer toute ma vie.

Après un long trajet en 4 × 4 pour aborder aux rives du volcan, Haroun Tazieff, son équipe et moi sommes descendus en rappel le long du cratère pour nous rapprocher du lac de lave qui bouillonnait à 1 000 degrés. Arrivés à une certaine hauteur, nous nous sommes installés sur un rocher pour y passer la nuit. L'équipe avait posé ses affaires d'un côté, tandis que Garouk et moi nous nous sommes assis l'un près de l'autre, face à l'immensité rougeoyante de plusieurs hectares qui s'étendait sous nos pieds. Nous étions là, hypnotisés par ce feu épais et mouvant du ventre de la terre. La lumière était complètement irréelle. C'était une couleur indéfinissable qui brassait sans les mêler l'orange, l'or et le rouge. La chaleur intense était étonnamment supportable. Nous étions fascinés. Incapables du moindre mouvement. Nous n'avions plus d'âge. Nous étions le premier homme et le dernier. Nous n'appartenions plus ni à l'espace ni au temps. Nous étions deux créatures improbables dans ce lieu, suspendues entre le ciel noir profond de la nuit et un sol inviolable. Nous savions que cet instant était précieux, rare et finalement unique. Haroun Tazieff me parla toute la nuit de sa sidération renouvelée devant la beauté des volcans en éruption. L'émerveillement pour lui se répète à chaque fois. C'est toujours comme une initiation. Moi, j'étais sous l'emprise de sa voix, si envoûtante, avec cet accent polonais singulier. Saisi, figé de gratitude et de bonheur d'être un observateur privilégié d'un phénomène rarissime : un lac de lave. En apparence, l'étendue de cette matière en fusion ne bouge pas. Elle bouillonne sur place. Garouk est intarissable :

« Sylvain, je ne me lasse pas de regarder un volcan en éruption. C'est comme une naissance. Elles se passent toutes de la même façon et, en même temps, à chaque naissance, c'est comme si c'était la première fois que l'évènement advenait…

— …

— Parfois, je me prendrais presque pour Dieu, Dieu comme seul témoin de la création de la Terre, de la formation des mondes. Je suis là à regarder les forces actives des éléments comme si je voyais la fabrication du Soleil ou des étoiles… Comme si j'étais au cœur du Grand Boum, dans cet univers chaud et dense en expansion… Comment s'habituer à cette vision de l'origine ? Je me sens "élu", vraiment… Quel privilège d'assister au spectacle de la matière régie par les lois qui ne sont pas celles des hommes ! »

Tout comme lui, je rêve tout éveillé et nous passons ainsi la nuit sans dormir, le regard plongé dans ce magma hypnotique. Il fut un homme qui m'indiqua, au carrefour d'un chemin de ma vie, la direction à prendre, moi qui étais passionné d'histoires, de moments forts et de nature.

Parmi les personnes qui m'ont impressionné, il y eut aussi Michel Drucker qui venait d'apparaître tous les dimanches après-midi à la télévision. Quel potentiel il avait ! Sa carrière a d'ailleurs été époustouflante. Qui peut prétendre à une telle longévité à l'antenne ? Soixante ans de carrière ! Il a 80 ans aujourd'hui et anime encore l'émission

« Vivement dimanche » ! C'est peut-être le rappeur Orelsan qui compare les références de sa jeunesse avec celles des jeunes d'aujourd'hui qui résume le mieux son talent : « Tu te rends compte que, pour eux, Michel Drucker, c'est comme Michel Drucker pour nous[1] ? » Michel est la référence de trois générations ! Il y a seulement un an, il était sur scène avec un one-man-show, « De vous à moi ». Quelle énergie, quel brio ! Michel Drucker est un travailleur infatigable. Il le dit lui-même : « Jusqu'à l'âge de 50 ans, je ne pensais qu'au travail. Je n'étais jamais là ; je travaillais quinze heures par jour et n'ai pas pris de vacances pendant vingt ans. » Il était difficile de ne pas prendre un tel professionnel pour modèle ! Et tant pis pour Henri Salvador qui dit dans une chanson de 1965 : « Le travail c'est la santé [tu parles], rien faire c'est la conserver, les prisonniers du boulot font pas de vieux os »...

Jean d'Ormesson, un grand travailleur aussi, qui avait écrit *Du côté de chez Jean* en 1959 et *Au plaisir de Dieu* en 1974, m'a fortement marqué, notamment lors de son passage dans mon émission « Faut pas rêver », le 4 mai 1990, quand je le recevais avec Françoise Fabian. Il m'avait touché quand il avait dit : « Je me promène beaucoup et, comme Françoise Fabian, je ne suis pas un fanatique de musées, ce que j'aime c'est me promener, j'aime déjà partir et, une fois que je suis parti, j'aime me promener, j'aime marcher dans les villes de Méditerranée, j'aime marcher des journées entières jusqu'à être épuisé le soir. » Je ne pouvais espérer ce

1. Dans l'épisode 108 « On est les vieux des jeunes » de la série *Bloqués* (Orelsan et Gringe).

jour-là devenir plus tard son ami, même si j'en rêvais déjà. Oui, il faut rêver. La réalité est souvent fille des désirs.

Il semble que je sois hypermnésique, et c'est sans doute vrai, car je me souviens de tout et notamment d'avoir beaucoup aimé, dans un tout autre genre, Alexis Weissenberg que j'étais allé voir en concert, un jour, j'avais à peine 18 ans. Il me laissa un souvenir fort par son jeu dépouillé et rigoureux. Il cherchait toujours une interprétation au plus près de la partition. Pianiste bulgare naturalisé français, il avait commencé le piano en 1932, à l'âge de 3 ans. Très demandé dans le monde entier, il a naturellement fait une carrière internationale. Herbert von Karajan disait d'ailleurs de lui qu'il était l'un des meilleurs pianistes de notre temps. Même si la musique n'est pas mon domaine de formation, je ne pouvais pas ne pas être subjugué par son parcours. En tant qu'homme, il m'émouvait : il avait échappé à la mort dans un camp nazi en jouant de l'accordéon pour une gardienne allemande mélomane qui les aidera, lui et sa mère, à passer en Turquie. En tant qu'artiste, je l'admirais : il avait la passion de la perfection. Je crois que cela me touchait beaucoup. Cette exigence, cette discipline était comme un excès, et les excès ont toujours été pour moi ce qui permettait de démultiplier les compétences et d'augmenter en bonheur les instants de vie.

Dans un tout autre genre, des personnalités comme Jacqueline Mailland, Jean Poiret et Michel Serrault me plaisaient infiniment, car j'ai une tendresse infinie pour les comiques, pour leur légèreté profonde. Le rire peut être à la fois thérapeutique dans son éclat et philosophique dans les vérités humaines qui le provoquent. Les incontournables Jean-Paul Belmondo et Alain Delon, que j'ai connus bien plus tard, ont été aussi des références importantes. Je n'oublie pas surtout la subjuguante Jeanne Moreau que j'ai eu la chance d'interviewer pendant une heure chez elle, dans le 17e arrondissement de Paris, pour mon émission de radio sur France Inter.

J'avais 30 ans et elle approchait du double de mon âge. J'étais dans ma pleine force, confiant, mon corps jeune ne me trahissait pas encore. Les yeux pétillants et le sourire aux lèvres, j'arrivai à son domicile, non loin de la salle Pleyel. Elle m'ouvrit la porte de son appartement sobre, classique et simple. Elle était souriante, elle aussi. L'interview se passa très bien, dans un climat de confiance. Comme toujours, je me laissai porter par les réponses et improvisai au fur et à mesure. Péché de jeunesse sans doute, je lui posai cette question :

« Jeanne Moreau, vous abordez les rives de la soixantaine, n'est-ce pas trop difficile pour une actrice de vieillir ? »

Avec sa voix superbe, elle ne me loupa pas :

« Jeune homme, il vaudrait mieux vous la poser à vous-même cette question. »

J'ai aujourd'hui 68 ans et je comprends la claque qu'elle a dû ressentir quand je lui ai parlé de son âge. Elle a su me le dire à sa manière. En gros, je n'avais qu'à me mêler de mes affaires. Le temps qui passe n'épargne aucun corps. Le mien n'échappe pas à cette loi. Je ne ressemble évidemment plus aujourd'hui au journaliste que j'étais alors, fort de sa jeunesse et de sa vitalité que je tenais pour des trésors inaliénables.

Oui, Jeanne, c'est difficile de vieillir. Pour une actrice, pour un journaliste, femme et homme de l'image, pour chacun de nous sûrement. Peut-être faudrait-il avoir la liberté et la sagesse d'Anna Magnani, elle qui a demandé à sa maquilleuse de ne pas cacher ses rides sous prétexte qu'elle avait mis du temps à les obtenir…

Pour moi, une vie ordinaire butait inévitablement sur l'ennui, la routine et les contraintes. Une vie ordinaire promettait la morosité alors que mes idoles se réinventaient sans cesse, connaissaient l'ivresse de la liberté et des découvertes émaillées de rencontres que je rêvais toutes plus belles les unes que les autres. Je voulais parvenir à cela alors que dans un métier « normal » cela semblait impossible.

Toujours dans mon imagination, ces existences se croisaient comme des fleuves impétueux. L'aventure rencontrait le sport de haut niveau, le cinéma échangeait avec la littérature et la musique frayait avec le spectacle. Ces vies hors du commun donnaient un sens à l'existence selon moi, et avec naïveté, sans doute, je pensais que c'était un bonheur garanti. Plus tard, je compris que derrière les grands destins, il y a souvent de grandes souffrances.

Un métier, un seul, à mes yeux, permettait cet enchantement de chaque jour, cet enrichissement perpétuel très éloigné de l'aspect financier. Ce métier, c'était sans équivoque le journalisme. La position d'observateur au croisement des rencontres avait des allures d'épopée comme à l'époque des grandes découvertes. Ces artistes ou ces sportifs me fascinaient : Claude Lelouch, Just Fontaine, Éric Tabarly… Je voulais les faire parler de leur vie, de leur milieu, de leurs désirs, de leurs difficultés, de leurs buts et de leurs idéaux mais aussi de ceux qu'ils admiraient. J'étais affamé de tout. On était loin de l'univers paternel !

14.

Dieu m'a abandonné

C'était un après-midi hivernal à Paris. J'avais presque 50 ans. Il régnait un vrai froid de canard. Je grelottais en sortant d'une séance agitée avec mon psychothérapeute que je fréquentais depuis ma première grosse dépression. L'homme de sciences habitué à entendre tous les tourments générés par des tempêtes sous la boîte crânienne de ses patients ne sembla guère surpris lorsque je lui dis avec une sorte de rage dans la voix que Dieu m'avait abandonné. Dieu me laissait seul avec l'irruption furtive mais brutale de passages noirs qui envahissaient ma tête absolument sans raison. Je ne comprenais pas pourquoi Il me soumettait à l'absurdité et à la violence de ces accès mélancoliques. J'étais désespéré, perdu et impuissant malgré mes prières et mon espoir d'être sauvé par le Ciel. Je me sentais puni d'un crime que je n'avais pas commis. C'était terriblement injuste.

Ma vie avait été une succession de coups de chance jusque-là : des parents aimants, deux petites sœurs à mes côtés, une vie sans problème apparent, un bonheur simple et gai et la foi chevillée au corps. Pourquoi Dieu m'avait-Il donc subitement abandonné ? N'avais-je pas été un bon garçon, aimant, respectueux et fervent ?

Bien plus qu'une espérance, c'était une certitude depuis toujours : le Ciel veillait sur moi. Je n'avais aucun doute. Tout ce que l'on pouvait recevoir ici-bas m'avait été offert avec, en prime, un métier passionnant et des revenus confortables. Que s'était-il donc passé pour qu'Il décide de m'expédier en enfer de mon vivant ?

Chaque jour avait été une découverte, une occasion de m'émerveiller devant des surprises quotidiennes sans cesse renouvelées. Et j'en ai toujours remercié le Créateur dans mes nombreuses prières. Pour le dire encore et en d'autres mots, l'existence avait été un monde sans nuage qui avait duré des années jusqu'à la catastrophe. Même cette anxiété chronique que je percevais comme un « défaut » de caractère, mes peurs d'enfant ou mes déprimes d'adolescent, qui surgissaient de temps en temps et que j'oubliais aussi vite, ne délavaient pas les couleurs du beau tableau de ma vie.

Pourquoi Dieu m'imposait-Il cette épreuve ? Je n'avais jamais fait de mal à une mouche et j'aurais plutôt pris soin du moindre papillon dont la vie finissait contre une ampoule chaude. Peut-être Dieu me punissait-Il alors de mon orgueil, de ma démesure, de mon insolence à défier depuis toujours les éléments par mes challenges sportifs et mes aventures périlleuses. Peut-être y voyait-Il une transgression, une arrogance. À moins que Dieu ne puisse rien contre la tragédie, laquelle condamne forcément les protagonistes à une issue fatale… Il n'avait rien pu faire pour mes aïeux, Il ne pouvait pas davantage interférer dans ma destinée. La lignée des Augier était maudite et cette malédiction avait pour nom « bipolarité ». Peut-être pouvait-Il cependant un peu amoindrir le mal...

Pour moi qui ai longtemps été croyant avec la foi du charbonnier, ce que je vis alors me crucifie. Je me sens trahi. J'avais pris l'habitude de prier pour que mes souhaits s'exaucent et, comme par magie, mes rêves devenaient réalité. À l'instar d'une pensée magique : ça marchait ou ça ne marchait pas forcément comme je voulais, mais j'y croyais tout de même. Ce n'était pas avec la raison mais avec les tripes que je croyais dur comme fer en Dieu, de la même manière que je m'en remettais à ma mère depuis mon premier jour.

Du plus lointain souvenir de mon enfance, Dieu a toujours fait partie de ma vie. Mes parents étaient très pieux, croyants et pratiquants. Il n'y eut pas un dimanche sans une messe où toute la famille se rendait consciencieusement. J'ai d'ailleurs longtemps assisté le prêtre durant l'office et cru au dogme intouchable de la religion catholique. J'ai aimé mes aumôniers et fait mes communions avec bonheur. Je me suis marié religieusement il y a trente ans et nous avons baptisé nos deux enfants.

Je m'étais habitué à cette évidence venue de ma plus tendre enfance : il suffisait de demander – mais tout s'est arrêté progressivement. J'ouvrais les yeux : il n'y avait rien au-dessus de moi, personne à implorer, personne à remercier non plus. Remercier de quoi ? Je vous le demande. Avec la maladie, ma certitude s'est effondrée, je ne comprenais pas la dureté de ce châtiment. Mes prières n'étaient pas entendues au moment de mon plus profond désarroi. Je suis souvent allé seul dans des églises vides pour appeler au secours mais aucune aide n'est venue.

Avec toute l'écoute et la sagesse qui conviennent à la pratique de son métier, le psychothérapeute, le docteur C., me dit, à l'issue de cette fameuse séance d'un après-midi d'hiver, avec une certaine douceur dans la voix, comme s'il parlait à un enfant : « Nous reparlerons de votre rapport au Créateur la prochaine fois, car c'est un sujet qui interroge les hommes depuis des millénaires. » Il avait ensuite prononcé une autre phrase que je fis semblant de ne pas entendre sur le moment.

J'étais très anxieux en sortant de la séance, la nuit commençait à tomber. J'allais monter sur mon scooter, la tête prise par toutes ces pensées qui se bousculaient, quand sa phrase m'est soudainement revenue : « Je ne vous demande pas d'y croire, je vous propose de le vivre ! » Et Pierre C. avait ajouté : « Mais ne serait-ce pas vous qui L'avez perdu de vue ? »

Je n'étais pas étonné de ses paroles sur Dieu, car je revenais sans cesse dans mes séances avec lui sur ce que je prenais pour un abandon du Créateur. Il ne me proposait pas de croire en Dieu – il ne pouvait s'autoriser à donner un tel conseil sur la foi – mais il me proposait de vivre à l'intérieur de moi ce que je cherchais à l'extérieur de moi en fréquentant les églises notamment, ou encore dans les prières que j'adressais au grand Autre que je nommais Dieu et duquel j'attendais tout.

Il venait de me donner une clé pour ma réflexion désabusée, pour ma certitude qui hantait jusqu'alors mes pensées et revenait comme une litanie : « Dieu m'a abandonné. »

Avec deux phrases, mon thérapeute venait d'ouvrir un abîme de paix dans mon esprit torturé. Les miracles ne viennent pas de l'extérieur, ils sont en nous, ils ne dépendent que de nous. Saint Augustin l'avait écrit ainsi : « Attendre Dieu, c'est ne pas comprendre qu'on le possède déjà. »

Je faisais mienne aussi cette phrase dans *Oscar et la dame rose* d'Eric-Emmanuel Schmitt quand la vieille femme dit à l'enfant qui va mourir : « Regarde le moindre détail de ta chambre et mets-y Dieu. »

J'avais été en colère contre Dieu, car j'attendais passivement des signes de Lui alors que je comprenais que c'était à moi d'aller en quête d'outils pour sortir de l'épreuve.

Cependant, si quelque chose en moi reste bien présent de cette foi enfantine – une paix de l'esprit, le sentiment d'une protection divine –, le tout est inconciliable aujourd'hui, à mon niveau, avec la pratique religieuse fervente. J'avais moi-même d'ailleurs inventé une petite prière toute simple avec mes deux enfants encore petits que nous disions tous les soirs, ça m'apaisait beaucoup. À tour de rôle, ma fille ou mon fils la récitait :

« Petit Jésus,
protégez-moi,
protégez mon papa,

ma maman,
ma grande sœur (mon petit frère)
et tous ceux que j'aime.
Au nom du Père,
du Fils,
du Saint-Esprit,
Ainsi soit-il,
Amen. »

Ce en quoi je crois aujourd'hui, c'est une phrase, juste une phrase du Christ, que tout le monde connaît : « Aimez-vous les uns les autres comme je vous ai aimés. » C'est ma certitude à présent : Dieu, c'est l'Amour et rien d'autre.

Je le ressens depuis toujours cet Amour, comme un héritage transmis par ma mère qui m'a fait grandir dans cette belle dimension, inconditionnelle, au point même de la ressentir pour des personnes étrangères – bien que tout le monde ne soit pas toujours « aimable ». C'est Jacques Brel qui a raison quand il dit : « Je crois que Dieu, ce sont les hommes et qu'ils ne le savent pas. »

Chez les religieux remarquables que j'ai rencontrés dans l'exercice de mon métier – Sœur Emmanuelle, l'abbé Pierre, Mgr Lustiger, le père Jaouen, Mgr Gaillot, Guy Gilbert, Michel-Marie Zanotti-Sorkine[1] –, j'ai été frappé par leur douceur, leur amour du prochain, leur ouverture d'esprit,

1. Michel-Marie Zanotti-Sorkine est un prêtre catholique, prédicateur, écrivain et auteur-compositeur-interprète français.

leur tolérance, leur espérance aussi devant la dimension divine de notre vie, maintenant et au-delà.

Dieu n'était donc pour rien dans mes épreuves. Je l'avais compris. J'étais devenu tout aussi certain qu'Il ne pourrait pas m'aider non plus à en sortir en me lançant une corde de son nuage. Il ne me fallait compter que sur moi-même. Ce ne fut pas si simple. C'est peu dire.

15.

Rendre ma vie

J'avais pu compter depuis toujours sur ma bonne étoile et puis lentement la magie avait cessé, la lumière s'était éteinte. Les fées qui s'étaient penchées sur mon berceau avaient déserté ma vie. La maladie avait surgi. Et Dieu ne pouvait rien pour moi. Qui pourrait m'aider ? Au début de l'épreuve, je me suis senti bien seul et démuni.

Les nuits d'insomnie, je me demandais comment j'en étais arrivé là. Qui pourrait m'aider même maladroitement à comprendre cette envie récurrente de mourir qui me torture l'esprit et me plonge dans d'atroces souffrances à chaque fois que la dépression est là ? Qui saurait apaiser la douleur qui me précipite dans un gouffre de solitude ?

J'en venais vraiment à penser dans ces moments terribles de découragement absolu que le suicide n'était pas forcément une folie, même si ce n'est assurément pas dans un accès de raison que l'on se tue. Il y a une marge avant d'en arriver là, bien sûr, mais dans ce domaine rien n'est exclu. Il suffit d'un bref intervalle de temps particulièrement douloureux pour que tout bascule dans l'horreur. Le suicide reste une porte de sortie possible, une échappatoire évidente pour trouver un soulagement définitif à cette douleur viscérale. À 55 ans, quand je me retrouve sur la voie ferrée, cela fait quinze ans déjà que ce mal fourbe a entamé lentement sa progression dans mon cerveau, anesthésiant toutes mes défenses. La souffrance était devenue trop grande. Je n'en pouvais plus. Voilà pourquoi je voulais en finir. Il fallait une interruption absolue.

J'avais tout envisagé depuis plusieurs mois : me pendre à une poutre, m'asphyxier dans l'automobile de mon fils, m'électrocuter dans mon bain avec un sèche-cheveux, m'ouvrir les veines au rasoir, me bourrer de médicaments à ingérer avec de l'alcool, me jeter en voiture à pleine vitesse sous un camion. J'avais voulu acheter une arme aussi, mais sans succès. J'avais même commandé un produit aux États-Unis, le Pentobarbital, utilisé en Suisse et en Belgique pour l'euthanasie – substance possédée aussi par les vétérinaires pour mettre un terme à la vie d'un animal. Heureusement, je ne l'ai jamais reçu. C'était si facile : un peu de jus de fruits et, en une demi-heure, tout était terminé en douceur. On s'endormait pour ne jamais plus se réveiller.

Oui, la tentation du suicide était grande pour moi qui n'avais comme répit que mon sommeil peuplé de rêves sinistres. Alors pourquoi pas un repos éternel ? Je ne songeais plus qu'à ça. Pas un instant dans la journée sans que ces pensées obsessionnelles ne m'envahissent d'une manière tellement intense que, paradoxalement, elles étaient accompagnées d'un calme relatif, car au fond de moi je savais que la solution existait et qu'il n'y avait plus qu'à se laisser aller.

Comme je l'avais lu quelque part : « Si le paradis existe, c'est merveilleux. Si tu t'endors pour rejoindre un monde meilleur, où est le problème ? » Effectivement, où était le problème ?

Chaque jour pendant des mois, sans interruption, j'avais symboliquement dit adieu à la vie, une dernière fois embrassé mes enfants, passé un dernier coup de fil à un ami qui m'était très cher, bavardé l'air de rien avec ma femme, ignorant tout de cela, histoire de profiter une ultime fois de la vie.

Et puis arrivait le soir, le moment de passer à l'acte, et chaque fois un recul : était-ce vraiment le bon moment ? N'y avait-il rien d'autre à faire avant de se laisser aller définitivement au désespoir ? La situation était-elle catastrophique à ce point ? N'y avait-il pas quelque chose à retenir de cette journée passée ? Mais chaque fois revenait cette pensée obsédante : « Comment continuer à vivre dans ces conditions ? »

J'avais consulté les statistiques. Il y a en France environ 2,5 % de la population atteinte de bipolarité, entre 650 000 et 1 600 000 personnes. Avec plusieurs milliers de suicides par an (20 % des patients bipolaires non traités décèdent par suicide), cela en fait une maladie mortelle à beaucoup d'égards. Je ne cessais de repenser à ces chiffres tout en retournant sans cesse dans ma tête quelle était la meilleure façon de mourir.

Pour survivre à ce désespoir, j'avais pris une décision : écrire pour mettre des mots sur l'indicible, pour mener mon combat intérieur, pour tenter de tenir à distance le monstre intime, pour essayer de me faire comprendre, ou me faire pardonner, et guérir si tant est que cela soit possible. L'écriture devenait une béquille, une bouée, un médicament et une libération. Pour cela, j'avais fait un choix : écrire un récit autobiographique.

Ce récit que je livre aujourd'hui et que j'ai mis dix ans à rédiger par épisodes me permet de convoquer les êtres chers qui m'ont accompagné. C'est une façon de tenter, par leur évocation, de percer le mystère de cette maladie qui m'abat à mon tour. Mon père, maniacodépressif, apporte forcément un élément de réponse.

16.

Mon père, si fort, si faible

Un souvenir brûlant, cruel, revient souvent à ma mémoire, un épisode familial douloureux qui m'a poursuivi des années et qui met en scène mon pauvre papa qui était, dans la seconde partie de sa vie, d'une fragilité extrême.

Un soir, mon père m'a appelé alors que j'étais chez ma grand-mère maternelle, Marcelle Pigasse, entourée de plusieurs de ses filles, mes tantes donc, avec qui j'adorais passer de bons moments. Le téléphone a sonné, c'était lui, la voix sombre et le ton autoritaire. J'étais habitué à ses appels qui étaient toujours synonymes de désarroi puisqu'à l'époque il séjournait souvent dans des cliniques psychiatriques où j'allais le voir régulièrement. Sa souffrance faisait écho à la mienne, moi qui redoutais tant de devenir comme lui. Cette fois, l'appel était désespéré. Je l'ai senti immédiatement au tremblement de sa voix. L'ordre d'obéir est tombé d'une voix glaciale :

« Rejoins-moi à la maison ! » Le rejoindre à la maison, je savais ce que cela signifiait : passer des heures à l'écouter parler de sa vie, de lui surtout qui n'en finissait pas de se déverser, comme un barrage d'idées glauques qui lâchait chaque jour un peu plus son trop-plein de détresse. Je pris ma respiration pour répondre fermement :

« Non, papa ! »

Le ton monta :

« Rejoins-moi immédiatement !

— Non, je ne viendrai pas ! »

Un silence s'installa, froid comme la mort, et je crus discerner sa respiration qui s'accélérait :

« Alors, approche ton oreille du combiné, tu vas entendre la balle qui va me transpercer la tête. »

Aujourd'hui, je ne sais toujours pas comment j'ai pu résister à ce chantage aussi cruel.

« Je vais tirer de bas en haut et tu trouveras ma cervelle éparpillée au plafond », continua-t-il.

Je n'ai pas pu en supporter plus.

« Eh bien, tirez, papa, tirez ! » et j'ai raccroché en proie à un désespoir effroyable. Je m'effondrai en larmes. Épouvanté par la situation et me sentant coupable d'avoir instinctivement privilégié ma survie, je rappelai une heure plus tard chez lui, terrifié à l'idée que le téléphone sonne dans le vide. Il décrocha, la voix abrutie par les somnifères qu'il prenait en très grande quantité. La crise était passée. Il dormait à moitié. Je le laissai à sa solitude et à sa désespérance.

Mais comment en étions-nous arrivés là ? Rigoureux et très travailleur, il avait été un patron d'entreprise humaniste que ses employés estimaient. Quant à nous, nous ne le voyions que le dimanche et pendant les vacances. Les samedis après-midi étaient parfois consacrés à visiter avec lui les chantiers en construction qu'il dirigeait. Il avait monté une agence immobilière florissante. Lui et son associé avaient d'ailleurs acheté un avion privé pour démarcher leurs clients en France et à l'étranger. Leur réussite me fascinait.

Mon père avait commencé à travailler dans l'entreprise familiale – une usine de textile à Burlats – et avait aidé son père à fermer la fabrique quand elle fit faillite, quinze ans après la fin de la guerre. C'était pour eux un déchirement. Mon père souffrira d'ailleurs d'avoir commencé dans la vie active par cette tâche ingrate. Il s'en plaindra souvent des années plus tard.

Cela avait mal commencé, mais mon père décida de faire face courageusement et il mit le cap vers Paris. Je nous revois tous les quatre, embarqués à bord de la 2 CV bourrée de bagages en compagnie du chien. Ce fut un voyage interminable dans mon souvenir mais qui s'est déroulé dans la bonne humeur. Papa avait trouvé un nouveau boulot. Il allait créer avec Jacques, un ami d'enfance, une entreprise de construction immobilière. À l'époque, ce secteur était en pleine expansion.

Nous débarquons alors dans la capitale avec peu de moyens financiers. Nous nous installons dans une petite maison à Saint-Ouen, accolée à une usine très bruyante. Il y avait derrière notre demeure une terrasse avec un tas de sable et un portique. Nous partageons la même petite chambre, ma sœur cadette et moi. Notre cuisine est minuscule, à l'image d'un séjour modeste. Mon père gère les revenus de la famille avec parcimonie. Nous ne le voyons presque jamais. Levé avant nous, rentré tard dans la soirée, nous ne le retrouvons que le dimanche pour aller à la messe, déjeuner et passer un temps d'après-midi ensemble.

J'aimais beaucoup mon père dans ces moments-là, il pouvait être d'une gaieté contagieuse. Il avait aussi une grande vitalité et des talents nombreux. Il était mélomane et habile de ses mains. À Toulouse, il avait trouvé un vieux moulin à vent à la campagne et entrepris de le faire restaurer, ainsi que la maison du meunier attenante. Ce genre de réalisations ne l'effrayait pas – au contraire. Il déployait une belle énergie heureuse.

C'était aussi un homme plein d'ambitions pour moi et il avait tenu à ce que j'aille chaque été dans des pays anglo-saxons pour apprendre parfaitement l'anglais. C'est ainsi que, de 12 à 16 ans, j'ai bénéficié de cette chance – que mes sœurs n'ont pas eue – d'aller découvrir de nouveaux lieux et d'y travailler aussi comme serveur ou professeur de français pendant la durée des grandes vacances.

Mais qu'est-ce qui a bien pu se passer dans sa vie pour qu'il s'écroule ainsi et qu'il ne puisse plus jamais se relever ? J'ignorais naturellement à cette époque que mon père couvait la même maladie que son père, la psychose maniaco-dépressive, comme on disait à l'époque, qui se déclenchera dans sa quarantième année.

Pour moi, ce fut à 35 ans qu'on me diagnostiqua la bipolarité de type 2.

Un autre nom pour une même maladie.

Une chose est certaine : l'hérédité en était cause. Mon grand-père Paul Augier, qui avait hérité d'une belle affaire, était neurasthénique. C'est le terme qu'on employait à l'époque. Il a cependant assuré professionnellement, assumant ses responsabilités en tant que soutien de famille. Il était en outre très paternaliste, très proche de ses employées qui, je crois, l'aimaient beaucoup. Je me souviens très bien des nombreuses ouvrières au travail devant leurs grosses machines bruyantes et la proximité de la rivière qui donne un aspect poétique à cet univers dont je ne pouvais deviner la dureté. Mon grand-père fera dans sa vie de nombreux séjours en hôpital psychiatrique, subissant les traitements de l'époque qui consistaient surtout en séances d'électrochocs. Tout ça, c'est la même maladie qui se transmet d'une génération à l'autre. Tous dans notre famille ne sont heureusement pas atteints.

Mes sœurs y ont échappé, elles.

Dans le cas de mon père, un banal accident de chasse qui lui valut quelques semaines d'immobilisation, alors qu'il était âgé de 40 ans, semble avoir été le déclencheur de la première crise aiguë.

Il y avait eu plusieurs alertes quelques années plus tôt, mais sans gravité. Cependant, une épreuve terrible avait endeuillé sa jeunesse : la mort accidentelle de son jeune frère, André, âgé de 12 ans, électrocuté dans la baignoire en cherchant à revisser une ampoule. C'est mon père qui avait retrouvé le corps. Sa mère, Suzanne, a porté le deuil toute sa vie avec cette phrase épouvantable : « C'est le meilleur qui est parti. » Mon père ne s'en est jamais remis.

Depuis ce triste épisode, le portrait agrandi d'André, bordé d'un ruban noir, se dressait dans chaque pièce de la maison de mes grands-parents paternels à Castres, ville de garnison qui n'avait pas la réputation d'être gaie, conférant à ce lieu une lourdeur imprégnée d'un indicible chagrin. Quand ma mère viendra s'y installer, elle finira par demander à Suzanne de retirer les effigies du haut de chaque porte. Il y eut un rapport de force entre deux générations que l'on retrouvera quand mon père tombera malade à son tour de nombreuses années plus tard.

Sa santé était devenue sans cesse plus fragile. Il était sujet à des crises de dépression de plus en plus fréquentes et de plus en plus graves, à tel point qu'il fallut en effet l'hospitaliser à plusieurs reprises et qu'il dut démissionner définitivement de son emploi, lui qui était parvenu à la tête d'une usine européenne d'électronique américaine, Motorola, basée à Toulouse.

La fin de sa vie est navrante et désespérée. C'est à un véritable effondrement que toute la famille assiste. À 60 ans, mon père est hospitalisé et perd donc son métier. Il avait fait des efforts intenses de nombreuses années pour se maintenir à flot. Il avait su se donner avec harassement dans son travail. Quand il entre à l'hôpital, j'ai 25 ans, je reviens tout juste du Nicaragua, où j'étais en coopération. Ma sœur Sophie fait ses études de pharmacie à ce moment-là. Elle est mariée et a un fils. Elle partira ensuite vivre à Vienne avec son mari autrichien. Isabelle, elle, a 20 ans et est sur le point de se marier. Elle restera vivre à Toulouse et aura quatre enfants dans la foulée. Heureusement, mes parents n'ont plus qu'à s'occuper d'eux-mêmes. Ma mère passe alors sa vie à l'hôpital psychiatrique au chevet de son mari. C'est un coup dur. Mon père, un peu remis sur pied, parvient tant bien que mal à devenir fonctionnaire hors cadre pendant cinq ou six ans et tient ainsi jusqu'à l'âge de la retraite.

Ses phases maniaques lui faisaient commettre des achats compulsifs déraisonnables à tel point qu'on avait dû le placer sous curatelle. Je me souviens d'une dernière dépense complètement inutile : il m'avait offert tous les volumes de l'encyclopédie *Universalis*, devenue caduque puisque l'internet arrivait.

Plus grave, les phases maniaques faisaient parfois de lui un homme violent. Par précaution, on avait fait limer le percuteur de son pistolet chez l'armurier pour le rendre inoffensif, car le niveau de menace était devenu élevé. Il criait souvent à sa femme qu'il allait la passer par la fenêtre. Je crois même qu'une fois il l'a menacée avec son arme, alors qu'elle disait vouloir le quitter. Ma mère n'en pouvant plus, traumatisée par ces crises d'une violence inouïe, avait réussi à partir en rejoignant sa mère, Marcelle, dans son grand appartement. L'accablement pour mon père est alors total. Après la séparation d'avec sa femme, il trouve refuge auprès de sa mère, Suzanne, âgée de 95 ans, qui habitait alors dans un petit logement à Toulouse. Les séjours en clinique ne cesseront jamais, alternant avec des phases euphoriques, voire des délires très impressionnants et dramatiques. Après le placement de sa mère en maison de retraite, mon père sera installé lui aussi dans un établissement pour le troisième âge et y mourra à 71 ans. Sa mère lui survivra, plus que centenaire.

17.

Une troublante connivence

Je lui dois bien un chapitre. Ma grand-mère maternelle, Marcelle Pigasse, reste pour toute la famille, une personne exceptionnelle. Par sa personnalité et sa vie, elle est un véritable personnage de roman et, en cela, elle a vraiment toute sa place dans mon récit avant que je le termine. Aussi parce que je tiens beaucoup d'elle. Sans ce modèle fort, cet exemple, est-ce que j'aurais su finalement m'adapter à la maladie ? J'ai aussi beaucoup parlé d'hérédité avec la bipolarité. C'est un « cadeau » transmis par les Augier de père en fils. Du côté Pigasse, j'ai aussi hérité de certaines choses. Et si je pense à ma grand-mère maternelle plus particulièrement, c'est son côté solaire, dionysiaque, sa force de caractère, sa curiosité, son opiniâtreté, sa combativité, sa résistance physique, son appétit des autres, sa liberté qui composent ainsi une part de mon ADN. Et parfois je me dis que j'incarne par mon existence le combat que se livrent Éros et Thanatos et que je condense en moi-même, par les deux branches de ma famille, le poison et l'antidote.

Ma grand-mère maternelle donc. Entre 1928 et 1945, Marcelle Pigasse, née Marcelle Marie Lucienne Descous, eut 14 enfants : 12 filles et 2 garçons. Dix-sept ans séparent l'aînée, ma mère, Hélène, de Sabine, la petite dernière. De nos jours, une telle progéniture paraît impensable, tout simplement inimaginable. Marcelle, elle, a assumé avec une énergie hors du commun sa grande descendance.

Elle fut sans doute ma première grande héroïne, pour laquelle j'avais une profonde admiration. Elle ne faisait leçon de rien. Elle était elle, tout simplement. Cela valait tous les conseils.

Cette immense famille a ensuite donné naissance à plus de 50 petits-enfants dont je suis le premier des garçons. J'ai donc grandi au milieu d'une cohorte de tantes jeunes et très gaies. Aîné des cousins, j'avais un statut particulier qui me conférait une certaine autorité que je prenais très au sérieux. Cela me suivra longtemps. Et me donnera des ailes. En tout cas, une sacrée confiance en moi qui n'était pas pour rien dans mon désir de challenges.

Mon grand-père Jules Pigasse, que je n'ai pas connu, était le grand meneur de cette tribu. Il avait eu deux filles d'un premier mariage, ce qui portait à 16 le nombre des âmes à sa charge. Mais, au-delà des chiffres, il y avait une cohésion très forte, une fidélité au clan et la certitude d'appartenir à une famille hors du commun.

Les filles se ressemblaient et s'entendaient à merveille. Elles partageaient une joie de vivre extraordinaire, une fantaisie, un humour et une solidarité à toute épreuve. En grandissant dans cet esprit au milieu de mes tantes, cousins et cousines, j'ai appris à aimer la vie tout simplement. Oui, ma joie de vivre légendaire s'est véritablement nourrie au sein de cette famille.

Je me souviens à l'heure des repas de l'atmosphère bruyante, exubérante et endiablée de la table des petits, entourés par mes tantes qui chantaient parfois ensemble. Je savourais ces moments de grâce sans vraiment me rendre compte à l'époque du précieux de ces instants, car cela me paraissait normal. Avec le recul, je réalise que c'était une grande chance pour nous tous.

Pourtant, il y eut une ombre au tableau dans mon adolescence, une inquiétude sourde qui gâtait pour moi le meilleur de ces journées. En tout cas, cela montrait ma fragilité, mon manque de confiance en moi. C'était une question fatidique à mes yeux qui me paraît ridicule aujourd'hui : quel était le cousin préféré de toutes mes tantes et de quelles qualités fallait-il faire preuve pour trouver grâce à leurs yeux ?

Cette peur de ne pas être aimé ne me quittait pas sans pour autant, heureusement, miner ma grande joie de vivre.

Une certaine rivalité nous opposait, nous, les cousins germains, qui nous entendions pourtant si bien. C'était à celui qui sauterait le plus haut des branches du cèdre de la grande propriété ou bien à celui qui aurait le dessus dans nos bagarres symboliques de mâle dominant. Ce qui comptait le plus à mes yeux, c'était ma capacité de séduction face aux sœurs de ma mère qui, très tôt, générera une inquiétude. Je « draguais » littéralement mes tantes qui me séduisaient le plus, du moins était-ce ainsi que je le vivais.

Mon plus grand rival et mon cousin le plus complice était Bruno, presque un frère jumeau, devenu mon plus vieil ami dans notre vie d'adulte. Nous ne nous sommes jamais quittés. Le temps s'est écoulé et je peux dire que je l'adore. Il est devenu un grand avocat à l'image de notre grand-père Jules.

Mais, de tout ce petit monde, c'est ma grand-mère qui me fascinait le plus. C'était elle, elle que nous appelions « mamie », qui détenait l'autorité familiale et qui représentait sans conteste possible l'Autorité avec un grand A. J'attendrai des années avant de l'appeler, pour rire, par son prénom : Marcelle.

Marcelle était l'alliance parfaite du masculin et du féminin. Son autorité légendaire s'accompagnait d'une voix de stentor qui dénotait avec sa silhouette très féminine. Nous admirions tous sa chevelure blonde qui lui conférait une jeunesse éternelle. Marcelle était menue, toujours très élégante avec en permanence un pantalon bleu marine et un cardigan assorti. Sous des dehors calmes, Marcelle cachait cependant un tempérament de feu. Derrière la fumée d'une éternelle cigarette, son regard abrité par des lunettes teintées pouvait lancer des éclairs.

C'est toujours elle qui agitait vigoureusement la cloche pour nous appeler à déjeuner. Elle n'aurait cédé cette fonction à personne d'autre. Lorsque nous nous retrouvions à table avec elle, nous n'avions le droit à la parole que sur sa permission. Toute incartade était punie, soit d'exclusion (il nous fallait alors finir le repas dans la cuisine où nous retrouvions monsieur Dulac, le jardinier), soit – plus grave – d'enfermement dans le cagibi noir juste derrière elle, ce qui était beaucoup moins drôle.

Marcelle fumait beaucoup et buvait ses deux whiskys tous les soirs avec une régularité de métronome. Elle aimait parler fort, elle était très imposante, n'acceptant aucune discussion sur ses avis péremptoires. Une chose est sûre : elle était impressionnante.

Marcelle conduisait très vite sa 403, voiture dans laquelle, sans hésiter, elle embarquait cinq de ses petits-enfants pour les emmener passer un séjour au ski ou à Porquerolles, assurant toute seule l'intendance. Un souvenir me revient quand elle avait un jour été arrêtée par des motards, à la sortie d'un village. Nous étions plusieurs à l'arrière et je l'entends encore dire : « Mais vous savez à qui vous parlez ? » Est-ce d'elle dont je tiens ce goût de la vitesse et du risque ? Probablement.

Une autre fois, elle était arrivée à la grande maison en voiture, le klaxon bloqué à force de s'en être servi à outrance en traversant les villages sur la route de Toulouse.

Un autre exercice auquel elle s'adonnait régulièrement était la coupe du bois. Une grosse scie circulaire électrique se trouvait dans le chai de la maison avec un tas de bûches posé à côté. Elle prenait les plus grosses sans effort apparent, les présentait à la scie et, dans un vacarme de fin du monde, les tronçonnait violemment pendant une heure, sans aide, sans gants, sans lunettes de protection, comme un vrai bûcheron.

Je l'ai souvent entendue rire, car elle était toujours de bonne humeur. Il y avait un instant sacré dans l'organisation de sa vie, c'était le matin au réveil, moment de la journée pendant lequel il nous était strictement interdit de nous lever avant qu'Yvette, sa bonne, ne lui apporte son petit-déjeuner au lit. Nous attendions en silence dans le dortoir, car nous respections scrupuleusement ce rituel avant de goûter à la liberté.

L'atmosphère de la grande demeure était particulière, relique d'une époque ancienne où il y avait une employée de maison à temps plein, toujours la même, qui dormait là, dans la petite chambre attenante à celle de ma grand-mère. Il y avait de même un jardinier qui venait tous les jours s'occuper du grand potager, une femme de ménage aussi, qui avait fort à faire, car les pièces étaient nombreuses ; et puis il y avait, dans la ferme voisine, le métayer italien Tarquino et sa femme Marguerite qui apportaient quotidiennement le lait du grand troupeau de vaches qui paissait dans la prairie.

Mamie avait un seul gros défaut à mes yeux, c'était le choix de ses préférés. Elle avait jeté son dévolu sur quelques-uns d'entre eux de façon totalement arbitraire et on n'y pouvait rien changer. Quelle en était la raison ? Mystère. Je faisais partie de ceux-là. J'étais en quelque sorte l'un de ses chouchous et j'en tirais beaucoup de fierté, pourtant l'injustice faisait des dégâts parmi nous. Mes tantes s'en indignaient, mais rien n'y faisait.

Je me souviens de conversations que j'avais avec Marcelle. Nous parlions de tout, de sa jeunesse, de la mienne et de la merveilleuse époque que fut notre enfance. Elle écoutait attentivement et me répondait souvent par un trait d'esprit.

Pour ses 80 ans, j'avais lancé un journal de famille, *La Pie gazette*. Tout le monde avait participé aux 90 pages d'articles, de récits, d'éditoriaux, de dessins et de bandes dessinées, de jeux, d'arbres généalogiques, de répertoires téléphoniques, de rébus, de devinettes et de mots croisés... Mamie était au centre de ce petit monde. Je n'oublierai jamais sa tête quand, entourée par des dizaines de frimousses blondes sous le cèdre, elle découvrit la surprise.

Je n'étais pas peu fier. J'avais mis toute mon expérience de journaliste au service de ce beau projet familial que nous avions réalisé grâce à mon oncle journaliste, Jean-Paul Pigasse, devenu mon modèle pendant toutes mes années de jeunesse et même beaucoup plus tard. Tout était parti d'une conversation avec elle lors d'une remontée en voiture à Paris. Je l'avais fait parler de l'acquisition de sa grande maison avec son mari, de l'état dans lequel ils l'avaient trouvée, et puis je l'avais entretenue aussi de la naissance successive de ses enfants. Comment vit-on enceinte près de vingt ans de sa vie ? Elle s'était volontiers prêtée au jeu de l'interview, car elle pouvait être très spontanée et joueuse. Je m'étais dit que ça ferait un bel article à faire lire à tout le monde et, de fil en aiguille, c'est ainsi que m'était venue l'idée du journal qui se poursuivra ensuite au gré des mariages et des rassemblements familiaux.

J'ai encore un souvenir marquant d'un autre épisode – un épisode très douloureux de sa vie. Une nuit d'été, Marcelle a eu un accident de voiture. Elle devait rouler très vite quand elle a percuté un platane de plein fouet, tuant son passager sur le coup, son amant. Elle, elle avait survécu. Elle avait eu la force inouïe de marcher sur la route avant de s'effondrer. Transportée d'urgence à l'hôpital de Toulouse, où elle restera plusieurs jours dans le coma, son pronostic vital engagé, elle survivra avec de multiples blessures et fractures très graves. Elle gardera pendant des semaines un strabisme convergent très marqué qui la défigurait.

Je ne peux m'empêcher de faire le lien aujourd'hui avec mon accident de parapente qui aurait dû me coûter la vie. Que de liens m'attachent à Marcelle !

En sortant de l'hôpital, elle fera un long séjour en rééducation avant de revenir dans la grande maison, aidée quotidiennement par une infirmière. C'est là que je la retrouvai et passai de longs moments avec elle à parler de tout et de rien.

Marcelle me raconta ainsi en détail l'aventure de son beau-frère Albert Pigasse qui eut un jour l'idée géniale de lancer une collection de romans policiers à l'époque où ça n'existait pas encore : c'était la fameuse collection du Masque, initiée par sa rencontre avec Agatha Christie et son fameux livre, *Les Dix Petits Nègres* (renommé en 2020 *Ils étaient dix*). Beaucoup d'autres suivront. Il y avait d'ailleurs dans son appartement à Toulouse un long couloir mystérieux où étaient rangés dans l'ordre tous les livres jaune et noir avec le fameux dessin du masque et de la plume. Cela me fascinait. Et je pense que cette aventure unique est aussi à l'origine de ma vocation de journaliste.

Marcelle me parla encore de son mari, qui l'avait épousée alors qu'elle était sa secrétaire, et de son désespoir après avoir fait une fausse couche, elle qui allait enfanter 14 fois.

Pourquoi me parlait-elle autant ? Je n'en sais absolument rien.

Peut-être avait-elle décelé chez moi une fragilité doublée d'une grande curiosité. Était-ce parce qu'elle se retrouvait en moi ? J'adorais la faire parler comme j'allais le faire plus tard avec mes invités à la télévision. Pour l'heure, je mendiais son amour et j'étais largement payé en retour.

18.

La chute

Si, à 35 ans, l'annonce de la bipolarité m'a écorché les ailes, c'est à 50 ans que ma deuxième grande crise dépressive me fait faire le grand plongeon dans l'abîme. Pas d'épisode euphorique annonciateur cette fois-là. Entre les deux épisodes mélancoliques sévères, j'ai près de deux décennies de répit, de sursis. Les quelques atteintes neurasthéniques que je ressens parfois sont loin d'être des crises aiguës handicapantes.

Sans doute, l'euphorie de ma rencontre avec Carol qui deviendra ma femme et pour laquelle je nourris un sentiment fort et durable, puis le bonheur de la naissance de mes enfants et l'émerveillement de leur jeunesse, les rencontres privilégiées aussi que je fais dans mon monde professionnel et dont j'ai parlé, ainsi que les voyages et les passages stimulants à l'antenne, maintiennent un équilibre chimique dans mon cerveau. Le bonheur familial et professionnel semble être un bon pare-feu à la maladie, laissant à penser que ma vie se présente durant ces années précises comme le médicament idéal menant à l'autoguérison.

La deuxième attaque dépressive à mes 50 ans me prend donc par surprise. Je tombe au fond du trou. Le psychiatre tâtonne et ne parvient pas à trouver le bon traitement. Je suis anéanti par la souffrance psychique. Le médecin me conseille alors de changer de travail. Tout s'effondre. Je quitte Paris pour le Gard pour y trouver un apaisement. Cependant, la souffrance ne lâche pas prise. Elle mord violemment mon être, hargneuse. Je me débats pour ne pas me noyer, mais la maladie me tire par les pieds pour m'envoyer au fond. Pendant un an, j'essaie d'animer pendant deux heures tous les après-midi une émission sur Radio Classique. Je m'essouffle, je n'y crois pas, je ne suis plus moi-même. J'arrête.

Par « chance », une phase maniaque m'extirpe de ma dépression. Un nouveau feuilleton de ma vie démarre. Je me sens à nouveau combatif, plein d'énergie, sans doute avec quelques excès. Je parviens à monter un projet ambitieux et à le mener à bien avec deux amis. Embarqués dans un hélicoptère, on filme toute l'Europe vue du ciel. On revient avec des images fabuleuses des 100 plus beaux sites de 25 pays différents. France 3, Arte et 10 chaînes européennes diffusent notre film. Puis, alors que je le présente seul au Canada (mes deux amis sont occupés à de nouveaux projets) et que notre réalisation connaît un immense succès, des pensées suicidaires surgissent à nouveau. Je fais appel à Dieu pour mobiliser Sa bienveillance. Pourvu qu'Il m'aide ! Je m'adresse donc à moi-même puisque le divin est en soi, je l'ai compris. Je suis en train de flancher. La solitude est grande. Je prie pour l'amour de moi. À Québec, j'enjambe un soir la rambarde du balcon de mon hôtel dans le désir d'en finir, prêt à me lâcher dans le vide, puis le lendemain je suis de nouveau enthousiaste et présente notre travail à un parterre de spectateurs conquis, à qui je signe des autographes sur la jaquette du DVD.

Ces trois mois de solitude au Canada sont trop longs pour moi et je souffre du chaud-froid que représentent mes journées que je traverse seul, alors que le soir je suis entouré de centaines de personnes. Tel un funambule dans un mauvais film d'horreur, je suis sommé d'avancer sur la corde raide de ma vie, de tenter de tenir l'équilibre, pendant qu'un mauvais génie fait tout pour que je fasse un faux pas. Je me rattrape magiquement par un mouvement de bras ou de jambe, toujours *in extremis*. Mais jusqu'à quand ?

Mon métier est au ralenti. Moi qui suis un homme d'action, qui ai besoin de projets, de buts, je patine. Et moins j'en fais, plus je vais mal. Plus je vais mal, moins je peux en faire. C'est un cercle vicieux infernal.

Je m'accroche comme je peux aux bouées de sauvetage qui s'offrent à moi. « Connaissance du monde » en est une. Pendant trois ans, une fois par semaine, je présente dans les différentes villes de France « L'Europe vue du ciel ». Puis, pendant un an, j'anime une émission sur Radio Côte d'Opale. Ce n'est pas probant. Je sens que je dégringole encore. Puis je travaille pour Sud Radio pendant trois années. J'interviewe des personnalités pendant une heure en direct tous les jours. Cela me demande beaucoup de travail et je n'ai pas toujours la forme psychique pour assumer. J'essaie de tenir la tête hors de l'eau. Et c'est déjà beaucoup.

J'ai 68 ans aujourd'hui. J'anime une fois tous les deux mois dans la salle polyvalente de Sommières, d'une capacité de 600 places, des rencontres littéraires. J'ai eu notamment la joie d'accueillir Boris Cyrulnik, Bernard Werber, Jacques Expert, Laurent Gounelle et Eric-Emmanuel Schmitt.

Ces quinze dernières années, la maladie m'a fait de nombreux croche-pattes, m'a filé des droites, des uppercuts, m'a mis K.-O. souvent, mais elle ne m'a pas tué. Mon ennemi est clairement identifié. Et je ne recule pas devant mon adversaire. Oui, la maladie tient bon mais moi aussi.

J'ai de nouvelles armes pour la combattre et ma joie de vivre ne m'a pas quitté. Peut-être s'est-elle un temps absentée mais pour revenir plus forte. Je pousse mon cri de guerre en m'attelant à construire des projets, tels que la rédaction de ce livre, et je parviens parfois à effrayer mon mal sournois. Je ris de le voir s'affaiblir même s'il revient toujours me griffer ou me tirer les cheveux. C'est de bonne guerre. On est embarqué dans le même manège. Nous ne sortirons pas de ces montagnes russes, sinon ensemble, à mon dernier jour. Alors je lutte encore et encore. Je lui envoie en pleine figure un nouveau traitement d'antidépresseurs, parfois une belle rencontre suffit, une conversation avec l'un de mes enfants, un échange avec ma femme, une caresse à ma chienne ou l'odeur du printemps aux derniers jours de mars après une pluie fine.

Jeté à terre par la maladie, je me suis retrouvé le nez au ras des pâquerettes. Et je ne suis pas en si mauvaise posture. « Si nous regardions bien, si nous regardions calmement, nous serions effrayés par la souveraineté de la moindre pâquerette : elle est là, elle a dû traverser des morts et des déserts. Pour être là, toute menue, elle a dû livrer des guerres sans pitié[1] », dit Christian Bobin.

Non, je ne suis plus à l'antenne. Non, je ne vis plus à Paris dans mon grand parc avec le beau cèdre. Non, je ne cours plus sur les circuits ou après des exploits. Oui, je vis modestement dans une villa d'un petit village du Gard. Mais je connais la valeur du désir aujourd'hui. Je sais ce qu'être vivant veut dire. Dieu, qui est tout amour, ne m'a pas abandonné. Il m'a donné de vivre la maladie pour que les obstacles rencontrés soient source d'enseignement. Je me connais mieux moi-même à présent et j'ai gagné en humanité. Comment ne pas être en posture de remerciement et de gratitude ? De là à dire que la bipolarité est une chance, je n'en suis pas loin. Je peux dire simplement que je connais la valeur d'un moment heureux. Et c'est un cadeau merveilleux.

1. In *L'Équilibriste*, éd. Le temps qu'il fait.

19.

Il est inutile d'attendre le soleil dans une grotte orientée au nord

Il y a quelque temps, un matin, au réveil, j'eus une révélation.

Mon corps enroulé dans les draps tièdes était là embrumé par la fin d'une nuit peuplée de rêves confus, alors que mon esprit vagabondait déjà, à toute vitesse, comme à son habitude, dans un torrent de pensées disparates. J'étais à peine réveillé que le phénomène bien connu se répétait une fois encore, impossible à maîtriser : j'étais plongé dans le passé et les souvenirs se bousculaient en rangs serrés. Il aurait fallu faire un tri, mais j'en étais incapable. Le flot de pensées, pour la plupart nostalgiques, m'inondait. « La plus grande erreur consiste à détruire votre présent en vous rappelant d'un passé qui n'a plus d'avenir », dit Gandhi. C'était tout à fait mon erreur.

Dans le même temps, le futur faisait son apparition avec de vagues projets, des envies de trouver une autre idée du bonheur mais paradoxalement avec aussi une inquiétude sourde à l'idée que cela puisse échouer. Rien de grave, mais toujours cette anxiété confuse : et si rien ne se réalisait ?

J'étais en proie à un combat intérieur. Une alternative : échouer ou réussir. Mon expérience d'aventures extrêmes aurait dû me conforter dans l'idée que j'avais déjà traversé l'océan des tempêtes et que j'en étais sorti grandi, et pourtant le doute cherchait encore à freiner mon goût pour le dépassement de soi.

Mon corps, lui, me rappelait à l'ordre : « Reste dans l'instant, murmurait-il dans mon oreille. Tout est bien, ne cherche pas plus loin, laisse filer tes sensations, profite de cette paix, cesse de t'évader dans l'avenir ou de te réfugier dans le passé, car tout cela est faussé par ton imagination. »

Et j'eus soudainement une révélation, au chaud de mon lit. Mon corps serait toujours dans l'instant présent, rien ne pourrait changer cela, alors que l'esprit serait, lui, toujours tenté de s'évader dans le temps. Brusquement, je ressentis la certitude d'un grand bouleversement : la vie, toute ma vie, semblait trouver une issue miraculeuse. Se réveiller, respirer paisiblement, sentir, entendre, regarder, penser, aimer, tout cela était des cadeaux dont on pouvait défaire les ficelles chaque matin. Tous ces petits riens étaient immenses, même dans la banalité des gestes comme mettre un pied devant l'autre. Affronter la verticalité de la vie, c'est ce que le monde entier réalisait chaque jour sans y faire attention et qui en fait représentait l'accomplissement d'un miracle quotidien.

« Le bonheur était sans doute cela », me suis-je dit, une simple prise de conscience de tout mon être, de cette existence qui se révélait comme un bien extraordinaire, sans contrepartie, sans prix, sans monnaie d'échange, sans négociation ; un privilège gratuit, en somme, dont la valeur immense se révélait à chaque instant comme une pierre précieuse, tel un véritable diamant brut.

Je me rappelai soudainement un autre réveil qui m'avait marqué il y avait longtemps déjà et avait imprimé en moi une trace indélébile qui ne devait plus jamais me quitter.

J'avais émergé un jour d'un sommeil peuplé de véritables cauchemars dont j'étais sorti exsangue, avec l'envie de tout arrêter, de mettre fin à des angoisses suicidaires. J'étais à l'époque en pleine dépression. Je revoyais la scène, je revivais le monologue qui s'était alors emparé de moi. Je m'étais dit confusément : « Je n'en peux plus de vivre avec moi-même. » Et soudain cette phrase m'avait sauté à l'esprit comme une évidence. Il y avait le « je » qui coexistait avec le « moi[1] ». C'étaient donc deux entités distinctes, confondues comme deux éléments, l'eau et le feu, et qui n'avaient rien à voir cependant l'une avec l'autre.

Le « je » vivait à chaque seconde qui passait dans l'instant présent, alors que le « moi » – que j'avais tout de suite

1. Eckhart Tolle, dans *Le Pouvoir du moment présent*, dit quelque chose d'approchant : « "Si je ne réussis pas à vivre avec moi-même, c'est qu'il doit y avoir deux moi : le 'je' et le 'moi' avec qui le 'je' ne peut pas vivre." "Peut-être qu'un seul des deux est réel", pensai-je », p. 21, éd. J'ai lu, coll. « Bien-être », 2015.

appelé l'« ego » – vivait dans le passé ou le futur dont il se nourrissait sans cesse, jamais rassasié[1].

Il fallait faire un choix. Ce jour-là, j'avais choisi de vivre au rythme du « je » qui, en aucun cas, était un autre. Cette pensée du « je » est devenue depuis un véritable tuteur de vie. Tout est une question d'entraînement, d'entêtement même, une volonté aiguë de trouver la sérénité dans l'instant présent, ce que les psychiatres appellent, en se référant à la culture américaine, le « *mindfulness* ». Dans le bouddhisme ou la méditation de pleine conscience, le salut se trouve bien là et pas ailleurs. « Si le passé nous fait rêver et l'avenir espérer, le présent nous demande d'agir. Le secret d'agir, c'est de s'y mettre », dit le philosophe Alain. Ainsi, chaque jour je remets le « je » à l'ouvrage. Je reviens au « je ». Je joue le jeu du « je ».

Ces deux réveils à plusieurs années de distance ont agi comme un révélateur en moi. Je m'étais tant de fois astreint, souvent sans grand succès, à rester bien campé dans l'instant présent. Il me fallait trouver une énergie chaque fois nouvelle pour échapper à l'abstraction de l'imaginaire en marche. Je devais laisser disparaître le passé, car il semblait n'être d'aucune utilité, et, de même, je devais cesser d'imaginer le futur. Évident. Mais pas facile. Me revint alors à l'esprit une phrase toute simple de ma grand-mère Marcelle, prononcée il y avait bien longtemps, comme une maxime

1. « L'ego est le résultat d'une activité mentale qui crée et maintient en vie une entité imaginaire dans notre esprit. Tant qu'il y a de l'ego, il y a de la peur », dit Eckhart Tolle.

pleine de bon sens et tellement réconfortante : « Sois à ce que tu fais. »

Inutile dans ces conditions de chercher de l'aide ailleurs, tout était entre mes mains.

Le bonheur, comme le malheur, se trouvait à l'intérieur de moi. Un proverbe népalais dit que chercher le bonheur à l'extérieur de soi est aussi inutile que d'attendre le soleil dans une grotte orientée au nord. J'avais fini par l'admettre, j'avais compris que j'étais seul responsable de ma vie intérieure et que mes pensées en arborescence, si je n'y prenais pas garde, pouvaient devenir le plus gros problème à résoudre.

20.

Domestiquer l'indomptable

Je suis resté longtemps un petit enfant qui quémande l'amour, qui n'est pas sûr de lui et, comme un enfant justement, je suis resté émerveillé par la vie. Loin de tout calcul, je cherchais, innocent, le soutien des uns et des autres ne voyant le mal nulle part.

Je n'imaginais pas ce qui pouvait se dire de négatif dans mon dos puisque moi j'aimais tout le monde. Les règlements de compte étaient loin de mon esprit, les évictions, les attaques, la rancune n'existaient pas davantage en moi.

Or le milieu de l'audiovisuel est cruel. Tout y est observé, pesé, mesuré. La PDM (part de marché) est affichée partout dès le lendemain matin. La sanction tombe vite et si, par mégarde, le résultat n'est pas conforme aux espérances, le programme est tout de suite déplacé, voire immédiatement supprimé, et l'animateur remplacé.

Quand on est à l'antenne, on est très fragile. La moindre faiblesse est analysée, disséquée, critiquée. À l'inverse, si les résultats sont satisfaisants, nous sommes adulés, portés par une vague de félicitations… jusqu'à la fois prochaine.

La télévision flatte et rejette. Dans ce monde, le chaud et le froid alternent en permanence… un peu comme les épisodes euphoriques et dépressifs de la maladie. Une fois de plus, par un autre aspect, mon métier m'a renvoyé en miroir ce que je vis psychiquement.

J'aurais bien voulu terminer mon livre en vous disant que j'avais pu vaincre la maladie, mais cette maladie est immortelle. Elle ne prendra fin qu'avec ma vie. Je ne peux à présent que souhaiter parvenir à lui tenir la bride courte à chaque instant pour qu'elle ne m'emporte pas trop loin, dans un galop furieux qui me mettrait à terre immanquablement. Cette maladie est comme une jument sauvage indomptable. J'aurais beau être le meilleur cavalier possible, je ne pourrai jamais complètement la maîtriser. Tout au plus, je peux essayer de deviner le moment où elle va se cabrer et tenter de me faire tomber pour ensuite, traîtresse, me piétiner. Je dois ma survie à cette connaissance-là. Je sais que je suis irrévocablement lié à elle. Elle ne disparaîtra jamais. Ultrarésistante, elle ne se laisse pas dompter, mais elle ne prend pas le large non plus d'elle-même. On est un couple terrible, condamné à cohabiter dans le huis clos de mon corps. Je le sais et ce savoir m'aide à vivre. « Il faut imaginer Sisyphe heureux », dit Camus. J'accepte mon sort moi aussi. Comme Sisyphe, je roule ma pierre chaque jour en haut de la montagne et je recommencerai chaque jour, autant qu'il le faudra. Je ne perds plus mon énergie à lutter contre l'évidence. Je ne me plains plus de l'abandon de Dieu. J'accepte ma vie telle qu'elle est. Je ne pourrai jamais venir à bout de la bipolarité ; elle, en revanche, peut avoir ma peau. Alors, fort de cette lucidité, je reste vigilant et n'hésite pas à me servir de toutes les aides que j'ai à ma disposition.

À l'instant où j'écris ces lignes, je ressors de quelques jours d'hospitalisation.

C'est moi-même qui, me sentant fragile, avec des pensées suicidaires, ai demandé à ma psychiatre ce séjour en soins pendant quelques jours. Et à cette occasion, j'ai pu découvrir un nouveau traitement.

La science et la médecine ont fait des progrès considérables ces toutes dernières années. Ainsi, je peux être soulagé à présent par des séances d'un anesthésique très puissant que les Américains utilisent depuis quelque temps comme antidépresseur pour des patients atteints de dépression résistante d'intensité sévère. Il s'agit de la kétamine. Ces résultats ouvrent de nouvelles pistes thérapeutiques aux chercheurs et chercheuses de l'Institut national de la santé et de la recherche médicale, du Centre national de la recherche scientifique et aux médecins de l'Institut du cerveau qui ont identifié l'un des mécanismes d'action de cet anesthésique qui permet d'expliquer ses effets antidépresseurs. L'effet de ce produit se traduit par des impressions de flottement (douce confusion à se situer dans l'espace ou le temps) mais surtout par l'apparition d'images positives, optimistes, directement issues du subconscient, apportant ainsi une joie de vivre bienvenue.

Aujourd'hui, une prise en charge adaptée et des psychotropes « modernes » permettent de briser le cycle infernal de la dépression pour retrouver un élan vital. Je ne peux m'empêcher à cet instant précis de penser à mon pauvre papa et aussi à mon grand-père paternel (bien évidemment) qui n'étaient « aidés » que par des électrochocs, des isolements en cas de pensées suicidaires (sans droit de visite) et par une chimie peu opérante. Mon père, à la fin de sa vie, répétait que le seul bonheur qu'il avait encore était de boire un verre d'eau. Tout le reste avait fichu le camp.

La médecine a fait beaucoup de progrès ; c'est vraiment un grand soulagement à condition d'être bien entouré aussi et surtout de bien suivre son traitement, bien sûr. Parfois, quand on connaît une période de répit, une longue période douce, on est tenté de vouloir arrêter les médicaments, pensant que tout n'est qu'un mauvais souvenir. Cependant, si l'on se sent mieux, c'est uniquement parce que les molécules font leur travail et il faut suivre et respecter la prescription établie.

Quand la maladie revient parfois nouer ma gorge jusqu'à vouloir m'étouffer, quand elle tricote dans mon cerveau des histoires noires pour me pousser au suicide, quand elle souffle à mon oreille des « à quoi bon ? », je pose un acte, je passe à l'action et demande à être hospitalisé. C'est ainsi que ma vie est parfois rythmée par une journée passée en unité de soins auprès d'une infirmière spécialisée. Je me laisse alors porter par l'entourage bienveillant de l'équipe médicale qui me prend en charge. Je m'abandonne au soin réparateur, je lâche prise. Cela fait du bien ne serait-ce que de s'en remettre à d'autres, un instant. C'est comme un paradis perdu qu'on retrouve : la plénitude du nouveau-né au sein de sa mère.

Ainsi, à l'hôpital, je me laisse dorloter. Pendant que l'anesthésiant se diffuse dans mes veines, mon subconscient, généreux, me livre sa moisson de beaux souvenirs. Souvent apparaît le visage de mes enfants quand ils étaient petits. Ce fut une telle période de bonheur que mon cerveau ne s'y trompe pas. Il sait me resservir ce qui m'a mis le plus en joie. Des sensations douces m'enveloppent alors, des images bienfaisantes apparaissent. Je me sens bien. Si d'aventure une pensée sombre apparaît, je la livre immédiatement à l'infirmière qui est à mes côtés. Elle la récupère et me la reformule, débarrassée de son enveloppe anxiogène. Je peux réintégrer cette pensée devenue inoffensive et poursuivre mon épanchement salutaire. Je sens que je m'allège de certains traumas qui sont la nourriture préférée de mon monstre intérieur. Je l'affame du coup en extériorisant ce qui me hante.

Lors d'une séance bien précise, alors que la chimie commençait à faire son effet en ouvrant la porte aux souvenirs, des images me sont venues qui n'étaient pas du tout positives. Au contraire, je me suis vu terriblement dépressif, comme mon père. Je me suis même vu dans les couloirs qu'il arpentait, lui, quand il était à l'hôpital psychiatrique. Alors que je livre mon angoisse à la soignante, elle accueille mes mots et me les renvoie, corrigés :

« Non, vous n'êtes pas votre père. Son histoire est la sienne. Ce n'est pas la vôtre. Vous êtes Sylvain Augier. Vous êtes toujours le même. Vous êtes Sylvain ici et maintenant.

Sylvain qui se soigne. Sylvain qui va de mieux en mieux. Sylvain qui est accompagné, soutenu, aidé. »

Le tour de passe-passe fonctionne parfaitement : une image positive s'est substituée à une image négative et je repars, libéré.

Parfois, il y a des séances vides. La kétamine se diffuse dans mes veines et rien ne se produit. J'en suis pour une journée passée à l'hôpital pour pas grand-chose, mais même ces instants, je les prends avec philosophie. Qui me dit que rien n'est vraiment advenu ? Peut-être, dans un rêve réparateur, mon inconscient me livrera-t-il dans une nuit prochaine une clé de compréhension à mon mal-être, une clé qui ouvrira une porte sans que je n'aie rien à faire, sans même que je le sache.

Je connais la bipolarité, elle peut survivre à tout. Je parviens cependant à l'affaiblir et je m'en trouve satisfait. « L'homme qui déplace une montagne commence par déplacer les petites pierres », dit Confucius. C'est ainsi que chaque jour je m'attelle à m'offrir en conscience un petit répit pour ouvrir l'espace de ma sérénité. Je capte le moindre cadeau du jour : un sourire de Carol, un appel de mes enfants ou d'un ami, un rai de lumière qui s'invite jusqu'à mes pieds dans mon salon, la lecture, la chaleur de ma chienne quand elle se colle à moi. L'oiseau que j'entends chanter et qui s'est posé un instant sur la rambarde de mon balcon ou encore le moindre projet qu'on me propose.

L'atténuation de mon mal est une victoire. Cela libère de nouvelles énergies de vie et, si j'osais, je dirais même que le secret du bonheur m'a été révélé par la maladie. La bipolarité m'a obligé à me regarder en face, à coups d'arrêt provoqués par la dépression. Peut-être étais-je dans une forme de fuite en avant que je vivais par l'accumulation sans fin d'expériences plus enivrantes les unes que les autres. Peut-être m'a-t-elle rappelé à l'essentiel en rabaissant mes prétentions, en calmant des ardeurs vaines. Elle m'a obligé aussi à me mettre à nu pour mieux me comprendre, accepter mes faiblesses et profiter de mes forces. La maladie m'a ramené à moi quand je cherchais les secrets des hommes jusqu'à l'autre bout de la Terre. La maladie m'a proposé le voyage le plus riche qui soit : une plongée à l'intérieur de moi-même. Si ma mère ne m'a pas appris le sens du mot « effort » (tout au long de notre vie commune, j'ai vécu dans la facilité, tout m'était dû, tout était accommodant et agréable), la maladie me l'a enseigné.

Cette mise à nu au travers de ces mots que je vous adresse, chers lecteurs, est non seulement nécessaire pour mieux me connaître moi-même, mais elle est un appel au partage. Ce livre terminé aujourd'hui veut faire œuvre utile. Ce texte est tout aussi thérapeutique par l'écriture elle-même que par le désir fort de fabriquer une potion stimulante pour ceux qui souffrent comme moi. Je veux témoigner de ma traversée longue dans la tempête de la maladie, car je pense que cela m'aide tout autant en l'écrivant – les mots agissant comme de véritables pommades réparatrices – que cela peut aider celui qui me lira. La bipolarité m'a souvent mis la tête sous l'eau, m'a fait boire la tasse de nombreuses fois, continue encore, mais j'ai toujours résisté. Je fais miens ses caprices, j'attends que ça passe, confiant. Et je peux le dire aujourd'hui, envers et contre tout, je suis heureux.

Pour terminer ce récit-confession, je vous propose en annexe quelques rencontres inoubliables, celles qui m'ont inspiré et qui m'inspirent toujours.

Rencontres

« Ah, la foi me serait bien utile ! »

Un jour de 2016, j'ai une invitation à déjeuner en tête à tête avec quelqu'un que je connais bien, un ami oserais-je dire, Jean d'Ormesson. Il habite un hôtel particulier à Neuilly. Son maître d'hôtel ouvre la porte. La table est dressée, avec une élégance discrète. La salle à manger est remplie de livres, renforçant la chaleur de l'endroit. Jean est sorti depuis peu de l'hôpital, où on le traite contre un cancer. Il me raconte son expérience « pénible », me dit-il : « J'ai eu peur. » Puis il évoque l'actualité, ses lectures, l'Académie française dont il est l'un des éminents membres : les Immortels, comme on les appelle alors qu'ils meurent aussi, chacun à leur tour. Une fois de plus, il ne dissimule pas sa peur de la mort avec cet aveu foudroyant : « Ah, la foi me serait bien utile ! » Cet homme brillant, charmant, d'une éducation parfaite, qui parsème ses œuvres de références à Dieu, le Dieu de son éducation catholique, a simplement, comme beaucoup, peur de la mort. Le mot « peur » est lâché. « Un gouffre », pensais-je en le regardant. Jean d'Ormesson se reprend. Nous parlons de ce thème qui l'obsède, mais qu'il transforme peu à peu en conversation philosophique. L'écriture met la distance nécessaire. Il me demande si j'écris. Je lui réponds que oui, que j'essaie de parler de mes souffrances. Il m'encourage. Jean, cet homme au charme fou, mourra peu de temps après ce déjeuner si intime. Jean, je pense souvent à vous, à ce jour, à ce dernier déjeuner. Vous êtes encore parmi nous… Immortel ou éternel, par le souvenir de vos œuvres bien présentes.

« N'importe quel jour est bon pour commencer. »

En vingt ans, je l'avais interviewée plusieurs fois. Je lui consacrerai même un petit essai, *Le Doute et la foi.* Ce jour-là, je vais la retrouver dans le Var, dans la maison de retraite où elle continue d'irradier son espérance à ceux qui l'entourent. C'est l'heure de la messe. Au milieu des autres sœurs, elle est la seule qui porte des chaussures de sport. C'est aussi sa façon de montrer que « l'habit ne fait pas le moine ». Après avoir fait un tour du parc, nous déjeunons tous les deux, moment privilégié que j'aime tout particulièrement avec elle.

« Madeleine [Sœur Emmanuelle s'appelait en réalité Madeleine], sérieusement, est-ce qu'on peut croire en Dieu ? »

Elle me répond du tac au tac :

« Si tu ne m'avais pas déjà trouvée, tu ne me chercherais pas. »

Un peu désarçonnant pour l'homme que je suis, en recherche de sens et en plein doute ! Nous parlons ensuite des vingt années qu'elle a passées chez les chiffonniers du

Caire, de 60 à 80 ans : « Les plus belles années de ma vie », affirme-t-elle.

Quel charisme, quelle force simple !

« N'importe quel jour est bon pour commencer », ajoute Sœur Emmanuelle.

Je repars avec ça, un message qui m'accompagne toujours.

Une leçon de courage

Nous sommes dans les années 1990. Chaque samedi, sur France Inter, à 12 heures, pendant une heure, dans « Rendez-vous, vous êtes cernés », je m'entretiens avec une célébrité. L'émission se passe chez l'interviewé(e). Aujourd'hui, j'arrive chez Muriel Robin dans son appartement, près de Beaubourg. C'est simple et confortable. Auparavant, j'étais allé voir son spectacle : un « seule en scène ». C'est formidable, la salle ne cesse de rire et d'applaudir. Je la retrouve dans sa loge. Elle est tout de suite d'accord pour me livrer les épisodes intimes de sa vie. Je savais que son enfance avait été difficile. Vendeuse dans le magasin de chaussures de ses parents à Saint-Étienne, elle ne s'entendait pas avec eux, s'ennuyait. Enfin, elle était « montée » à Paris. Sortie première du Conservatoire national d'art dramatique, elle n'arrive pas à se faire connaître, c'est finalement « La Classe » sur France 3 qui révèle au grand public cette humoriste hors pair. À cet instant de l'entretien, subitement, elle me parle de ses dépressions, fond en larmes, évoque son enfance, sa jeunesse. Je lui dis :

« Attention, Muriel, il y a beaucoup d'auditeurs qui vous écoutent. »

Elle me regarde à travers ses larmes et me dit en souriant, en regardant mon magnétophone :

« Ah, ils sont venus en bande ! » – à l'époque, le magnétophone était un lourd appareil avec une bande qui enregistrait en se déroulant autour de bobines.

La notoriété n'avait pas effacé ses années noires, dont le souvenir revenait régulièrement. Comment cette femme simple, charmante, sensible, demeurait-elle si solaire sous le poids d'une jeunesse ingrate ? Ce jour-là, finalement, elle se reprend. Elle me parle de son combat quotidien contre la dépression. Une leçon de courage.

L'incompréhensible

Au milieu du désert du Hoggar en Algérie se dresse un haut plateau, l'Assekrem. C'est ici que Charles de Foucauld rencontra Dieu, se convertit, et vivra jusqu'à sa mort, assassiné par des islamistes en 1916. Eric-Emmanuel Schmitt me raconte sa conversion au même endroit alors qu'il vient écrire un scénario sur la vie du saint homme. Eric-Emmanuel Schmitt est athée. Il a alors 23 ans. En quelques heures, dans ce qu'il appelle sa « nuit de feu », il trouve Dieu, qu'il ne quittera plus :

« Je m'étais perdu dans cette partie du désert, sans aucune protection contre la nuit glaciale. Je n'avais pas peur. J'ai tout à coup ressenti ce que j'ai appelé "l'incompréhensible". Ma vie a changé avec la révélation de l'existence de Dieu. »

Ce soir-là, lors d'un petit dîner où les mots d'Eric-Emmanuel me touchent infiniment, il me confie que, quarante ans après cette « nuit de feu », il passe un mois en Terre sainte. Derrière ses mots apparaissent des images :

« À Jérusalem, je m'agenouille dans le Saint-Sépulcre, je vis à nouveau "l'incompréhensible" : une présence humaine, une chaleur, un Amour inouï alors que je suis seul. »

En évoquant ces moments, il avait les yeux pleins de larmes. Et à ce moment-là, moi qui vis les tourments de l'âme, je ressens un instant de paix. Cette paix me revient régulièrement quand je repense à lui. De ces moments à Jérusalem, il écrira un livre postfacé par le pape François.

« Sauve-toi, la vie t'appelle. »

L'émission « Faut pas rêver » faisait rêver chaque vendredi soir des millions de téléspectateurs en les emmenant dans des univers originaux. De belles découvertes imaginées par Georges Pernoud et son équipe. Je l'animais toujours avec un immense plaisir. Ce vendredi soir, j'avais invité à Vérone, la ville de Roméo et Juliette, le neuropsychiatre Boris Cyrulnik. Je ne le connaissais pas encore. Cette rencontre allait déboucher sur bien d'autres. Ce soir-là, dans cette ville mythique, il m'apprit que Shakespeare avait inventé cette histoire pour expliquer la difficulté des jeunes amoureux à vivre une grande histoire d'amour. Une explication psychologique qui n'enlevait rien à l'incroyable talent romanesque du génial dramaturge anglais. Plus tard, Boris me raconta comment, à 7 ans, il avait échappé à la mort. Pendant la guerre, caché dans une ferme, Boris Cyrulnik était devenu Jean Laborde :

« Après la guerre, je me sentais coupable d'être en vie alors que mes parents avaient disparu dans les camps nazis – culpabilité que je vais effacer en écrivant enfin le livre de ma vie : *Sauve-toi, la vie t'appelle.* »

Ce livre est devenu célèbre, Boris l'était déjà avec ses ouvrages qui avaient développé le concept de résilience. Mais là, il touchait au-delà de ce simple concept. Il occupe une place à part dans le cœur des Français et dans le mien tout particulièrement. Je me targue d'être devenu un ami. Aujourd'hui, il préface *Je reviens de loin* avec sa simplicité et son amitié. Je lui dois une grande partie de mon propre travail de résilience.

Quelle bêtise de vouloir mourir !

Le père du célèbre commissaire San-Antonio souffrait de troubles bipolaires. Mais cela était inconnu du grand public. Malgré sa réussite remarquable, comme romancier à succès, sa belle fortune, la reconnaissance du public, il tombait dans des crises qui l'amenaient à ne plus vouloir vivre. Après le départ de sa première femme, il tente de se suicider, est sauvé *in extremis* à l'hôpital. L'enlèvement de nuit dans sa propre maison de sa fille Joséphine, âgée de 13 ans, pendant qu'il dormait, le traumatise profondément, même si l'issue est heureuse puisqu'on retrouvera Joséphine, saine et sauve. La poutre où il se pend peu de temps après craque sous son poids :

« Quel bonheur de m'en être sorti ! Quelle bêtise de vouloir mourir ! Heureusement que cela n'a pas marché. »

Je revois cet homme seul, dans sa grande maison, plein d'humour, capable d'inventer des personnages comme

San-Antonio et son adjoint Bérurier, de créer des dialogues surréalistes qui faisaient rire des millions de lecteurs, et qui malgré tout conservait au fond de lui-même cette tristesse. J'ai beaucoup aimé Frédéric Dard, mort en 2000. Dans les dernières années de sa vie, il échangeait énormément avec le célèbre R.P. dominicain Bruckberger à qui il dédiera un livre, signé San-Antonio : *La Sexualité*. Quelle pirouette !

L'homme qui est heureux

L'« homme qui voulait être heureux » est aussi celui que j'ai interviewé pendant deux heures devant près de 600 personnes dans l'amphithéâtre de Sommières. Le titre de son premier roman, quasiment autobiographique, s'est vendu dans 25 pays et a été un best-seller, numéro 1 des ventes en France. J'avais invité Laurent Gounelle, dans le cadre des « Rencontres littéraires de Sommières », que j'ai créées il y a deux ans dans cette charmante ville du Gard, près de laquelle je vis retiré maintenant.

Il est l'exemple parfait du « résilient ». Ce soir-là, il nous dit que les secrets de l'existence sont à l'intérieur de nous. Chaque mot, chaque phrase résonne en moi. « Pourquoi chercher à l'extérieur les solutions du bonheur ? » Il faut puiser sans cesse à l'intérieur de soi pour trouver le sens de la vie, de ma vie, pensais-je, en l'écoutant. La salle, bondée, lui fait une ovation. Les dédicaces font chaud au cœur. La profonde humanité de Laurent frappe chacun de nous. Derrière le romancier et essayiste, il y a aussi le scientifique, celui qui ne cesse de chercher de nouvelles possibilités de bonification des relations entre les hommes, mais il y a aussi l'adepte de la spiritualité dans la vie de tous les jours et un contempteur des obsessions de la société occidentale moderne. L'homme qui est heureux, je l'ai rencontré !

ANNEXE

Entretien mené le 6 juin 2023 par Myriam Villain

Les Drs Justine Montjaux et Charlène Maupou, psychiatres et spécialistes de la bipolarité au service de psychiatrie adulte (Unité des troubles thymiques) sous la direction du Dr Mocrane Abbar, chef du pôle de psychiatrie du CHU de Nîmes, ont accompagné Sylvain Augier dans la prise en charge de sa maladie.

Myriam Villain : Merci d'avoir accepté de répondre à nos questions. La bipolarité concerne de plus en plus de patients, certaines personnalités reconnaissent publiquement en être atteintes. Sans doute parce qu'elle est mieux connue et son diagnostic plus précis et moins tabou.

Comment la définit-on aujourd'hui : maladie du tempérament ? psychose ? troubles bipolaires de type 1, de type 2 ou encore unipolaires ? Qu'en est-il ?

Drs Justine Montjaux et Charlène Maupou : Les troubles bipolaires (anciennement nommés « maladie maniacodépressive » ou « psychose maniacodépressive » ou bien encore « folie circulaire ») sont des troubles de l'humeur caractérisés par des périodes de fluctuations se manifestant par une alternance d'exaltation plus ou moins forte (maniaque ou hypomaniaque) et d'épisodes dépressifs.

Ces épisodes sont disproportionnés en intensité et en durée, et occasionnent un retentissement fonctionnel majeur pour la personne et son entourage.

On aura compris que ces accès de polarité opposée (maniaque ou dépressive) représentent les deux pôles de la maladie, d'où le terme « bipolaire » pour les caractériser.

Le trouble bipolaire de type 1 est caractérisé par la présence d'au moins un épisode de manie au cours de la vie (l'épisode maniaque correspond à un épisode d'excitation psychomotrice très intense menant souvent à une hospitalisation, et dont le patient n'a pas conscience). La survenue d'un épisode dépressif n'est pas nécessaire, même si de nombreuses personnes atteintes de trouble bipolaire de type 1 feront des épisodes dépressifs majeurs à un moment de leur vie.

Le trouble bipolaire de type 2 est caractérisé par un ou plusieurs épisodes de dépression majeure avec au moins un épisode d'hypomanie au cours de la vie (épisode d'excitation de moindre durée et moins intense qu'un épisode maniaque ou forme « atténuée » de manie).

Le trouble bipolaire s'oppose au trouble unipolaire, qui désigne la présence uniquement d'un ou de plusieurs épisodes dépressifs au cours de sa vie. Il n'est pas rare qu'un individu ait bénéficié d'un diagnostic de trouble unipolaire avant que le diagnostic de trouble bipolaire soit posé.

M.V. : Comment diagnostique-t-on la bipolarité ? À partir de quel âge ? Y a-t-il des difficultés à poser un diagnostic certain ? Comment la différencier d'une cyclothymie, par exemple ?

J.M. & C.M. : Le diagnostic des troubles bipolaires est essentiellement clinique, c'est-à-dire le fruit de l'observation et du dialogue avec le patient. Il se fait au cours d'un examen psychiatrique où les symptômes, l'histoire de la maladie ainsi que les antécédents psychiatriques personnels et familiaux permettront d'appuyer le diagnostic. Néanmoins, les médecins ne disposent pas actuellement de biomarqueurs (caractéristiques biologiques mesurables) qui permettraient de confirmer ce diagnostic.

Le **trouble bipolaire** débute en général précocement, parfois à l'**adolescence**, mais le plus souvent au début de la vie adulte (**entre 15 et 25 ans**).

Étant donné qu'il s'agit d'un diagnostic clinique, celui-ci peut être difficile à poser. Notamment lorsque les symptômes sont peu intenses, et peuvent donc passer inaperçus pour le médecin comme pour le patient qui les subit ou lorsqu'il s'agit d'un premier épisode dépressif.

Par ailleurs, l'association fréquente du trouble bipolaire à d'autres comorbidités psychiatriques ou addictives associées peut rendre cette tâche encore plus complexe.

La cyclothymie, ou « trouble bipolaire atténué », est définie comme une instabilité persistante de l'humeur (supérieure à deux ans) comportant de nombreuses périodes de dépression ou d'exaltation légère, mais dont aucune n'est suffisamment sévère ou prolongée pour justifier un diagnostic de trouble affectif bipolaire.

M.V. : Quelles seraient les origines de la maladie : génétiques ou acquises ? Naît-on bipolaire ou peut-on le devenir au cours de sa vie ? Si c'est le cas, peut-on ne jamais déclencher la maladie ?

J.M. & C.M. : Le trouble bipolaire est une pathologie multifactorielle complexe.

À l'heure actuelle de nos connaissances, cette vulnérabilité aux troubles bipolaires apparaît déterminée par l'interaction et la combinaison de plusieurs facteurs de risques : innés (génétiques, liés à une héritabilité) et acquis (environnementaux, liés à des éléments d'adversité, des traumatismes affectifs précoces survenus dans l'enfance). Autrement dit, une interaction gène/environnement.

À l'âge adulte, ce sont généralement des évènements de vie stressants ou la consommation de substances toxiques qui déclencheront, chez des individus vulnérables, les symptômes de la maladie à travers un premier épisode. Ainsi, une personne peut naître avec une vulnérabilité pour le trouble bipolaire, mais la maladie pourra, ou pas, se révéler à tout âge, au cours de sa vie, en fonction de son vécu et des évènements stressants auxquels elle sera soumise.

M.V. : Est-ce qu'il existe des facteurs aggravants ? Et, à l'inverse, des conduites à tenir pour éviter l'apparition de la maladie ou pour apaiser ses manifestations ?

J.M. & C.M. : Actuellement, en dehors d'une bonne hygiène de vie, incluant l'absence de consommation de substances toxiques, il n'existe pas vraiment de prévention primaire pour éviter l'apparition de cette maladie.

Par la suite, il faut être vigilant et anticiper les différents facteurs de stress. Il est conseillé de mener une vie respectant des règles chronobiologiques, d'éviter par exemple le travail de nuit (la privation de sommeil pouvant être un facteur déclenchant).

Enfin, il semble indispensable d'avoir un suivi psychiatrique ambulatoire régulier, une bonne observance des traitements médicamenteux régulateurs de l'humeur prescrits et d'y associer, si besoin, une psychothérapie.

Nous l'oublions souvent, mais la prise en charge des comorbidités, qu'elles soient psychiatriques ou somatiques, est capitale.

M.V. : Y a-t-il autant de formes de bipolarité qu'il y a d'individus atteints par ce trouble ou, au contraire, le scénario est-il toujours le même ?

J.M. & C.M. : Les troubles bipolaires sont caractérisés par une vulnérabilité à présenter des fluctuations marquées de l'humeur de manière récurrente. Les caractéristiques des accès et leur évolution dans le temps permettent de distinguer plusieurs formes cliniques. Cette pathologie est en effet extrêmement hétérogène ; d'ailleurs chaque patient présente ses propres symptômes qui dans la majeure partie des cas se répéteront à l'identique.

Cette diversité typologique est l'enjeu des prises en charge médicamenteuse

M.V. : Comment a-t-on soigné cette maladie par le passé ? Aujourd'hui, les médicaments sont-ils inévitables ou une simple thérapie peut-elle suffire ?

J.M. & C.M. : La pierre angulaire du traitement reste la mise en place d'un traitement médicamenteux thymorégulateur, c'est-à-dire régulateur de l'humeur. Une psychothérapie peut y être associée, mais ne peut en rien remplacer le traitement médicamenteux.

Un aspect absolument fondamental de la prise en charge est la psychoéducation, l'éducation thérapeutique. Le patient doit être un expert de sa maladie et de ses traitements. En particulier, il doit apprendre à repérer les signes avant-coureurs d'un épisode pour agir au plus vite et éviter une hospitalisation. Ce travail doit être mené avec les proches, car ce sont parfois eux qui vont signaler les symptômes avant un épisode.

Les différentes formes de psychothérapie et les règles hygiéno-diététiques sont importantes au quotidien. L'hygiène de vie est un élément en soi de contrôle du trouble. Avoir des horaires fixes de sommeil, une heure de lever fixe dans la semaine, limiter la prise d'excitants, la consommation de toxiques comme la cocaïne ou le cannabis…

Si l'on devait dire quelques mots supplémentaires sur les approches psychothérapiques, on pourrait citer de manière non exhaustive l'intérêt des psychothérapies suivantes :

– la thérapie interpersonnelle et d'aménagement des rythmes sociaux (TIPARS) dont le but est de résoudre plus efficacement les problèmes relationnels avec les autres et de réguler les rythmes de vie (en les rendant plus stables) ;

– les thérapies cognitivo-comportementales (TCC) qui visent à apprendre au sujet comment maîtriser ses variations d'humeur, en modifiant ses pensées et ses comportements ;

– la thérapie cognitive fondée sur la pleine conscience (*mindfulness-based cognitive therapy*, MBCT) pour l'obtention d'un meilleur contrôle émotionnel ;

– les thérapies familiales qui peuvent aider les familles, souvent déstabilisées par la maladie, à retrouver un équilibre.

M.V. : Le taux de suicide est apparemment élevé chez les personnes bipolaires. S'agit-il de patients non pris en charge ?

J.M. & C.M. : Le trouble bipolaire est un trouble chronique, avec un vrai risque d'arrêt de traitement et donc de rechute, entraînant, effectivement, un risque élevé de suicide.

Par ailleurs, les dépressions sont souvent plus sévères que dans les troubles unipolaires. Le risque le plus élevé de passage à l'acte chez un patient souffrant d'un trouble bipolaire est quand il se trouve dans une phase de mixité de l'humeur (symptômes dépressifs associés à des symptômes d'excitation, et notamment une plus importante désinhibition).

Par ailleurs, la consommation de substances toxiques ne fait que démultiplier ce risque.

M.V. : Y a-t-il d'autres conséquences liées à la maladie, comme des actes de violence vers autrui ?

J.M. & C.M. : La stigmatisation entourant les problèmes de santé mentale persiste, en particulier en ce qui concerne la violence.

En effet, une enquête américaine montre que jusqu'à 75 % de la population pense que les personnes atteintes de maladie mentale sont violentes. Or les rares épisodes agressifs ont surtout été constatés au cours de phases actives du trouble bipolaire et principalement liés à la consommation d'alcool ou de drogues. On retiendra donc que les personnes bipolaires ne sont pas plus violentes que les autres. Lorsqu'elles le sont, c'est sous l'emprise d'alcool ou de drogue.

M.V. : La bipolarité est classée comme le sixième handicap. Y a-t-il une reconnaissance par la Maison départementale des personnes handicapées (MDPH) de cette maladie ? Derrière ce mot, on entend aussi un état sans véritable espoir de guérison. Est-ce le cas ?

J.M. & C.M. : Il existe en effet une reconnaissance de cette pathologie par la MDPH avec la possibilité d'obtenir une aide financière et une reconnaissance en qualité de travailleur handicapé.

Le trouble bipolaire est compté parmi les 30 pathologies perçues comme exigeant un traitement prolongé et cher ; il appartient aux « affections psychiatriques longue durée ».

Par ailleurs, on ne guérit pas du trouble bipolaire, c'est une maladie chronique, qui, comme toute maladie chronique, nécessite un traitement au long cours.

En effet, le traitement va permettre de diminuer les symptômes voire de les faire disparaître, afin d'obtenir des périodes « neutres » ayant comme objectif une rémission et que le patient retrouve une stabilité dans son quotidien.

Plus le trouble est diagnostiqué tôt, plus les chances de rétablissement sont élevées. **La prise en charge des troubles bipolaires repose sur trois piliers : les médicaments, les psychothérapies et le respect d'une bonne hygiène de vie.**

Pour mieux comprendre, on peut mettre en parallèle le trouble bipolaire et le diabète.

M.V. : Quelles sont les conséquences dans la vie de tous les jours : un isolement ? une perte de confiance en soi ?

J.M. & C.M. : Le devenir d'un patient qui souffre de trouble bipolaire va dépendre d'un certain nombre d'éléments.

L'âge au moment du diagnostic, l'observance médicamenteuse, l'hygiène de vie ainsi que l'entourage sont des facteurs déterminants.

Il existe pour la plupart un impact psychosocial, notamment lors de périodes de décompensation avec les conséquences auxquelles les patients doivent ensuite faire face.

La perte de confiance en soi et l'isolement se verront plutôt dans les phases de dépression de la maladie.

L'attrait pour les substances toxiques est très fréquent.

M.V. : Quels sont les espoirs dans un futur proche concernant le diagnostic, les soins, les traitements ?

J.M. & C.M. : On espère dans un futur proche pouvoir réduire le délai entre l'apparition des symptômes, le diagnostic et la mise en place d'un traitement thymorégulateur efficace.

En effet, plus le diagnostic est précoce (et si les traitements sont bien observés par le patient), plus il est facile d'obtenir une stabilité de l'humeur.

Des recherches sont en cours pour identifier les gènes possiblement impliqués dans ce trouble avec l'espoir de faciliter le diagnostic. Des études concernant la recherche de biomarqueurs sanguins ou en neuro-imagerie sont également menées.

Une offre de psychoéducation sur le trouble est actuellement en plein essor en France.

Une meilleure connaissance des troubles bipolaires en médecine générale pourrait nettement améliorer le délai de diagnostic et l'accès plus rapide à un traitement médicamenteux efficace.

M.V. : On parle de la kétamine comme possible antidépresseur pour les personnes résistantes aux traitements habituels ? De quoi s'agit-il ?

J.M. & C.M. : La kétamine est une molécule très ancienne, utilisée dans les milieux spécialisés de l'anesthésie, la réanimation et les urgences, et plus récemment comme antalgique. Plusieurs études ont fait l'hypothèse que les douleurs physiques étaient étroitement liées aux douleurs psychologiques et que, par conséquent, la kétamine pouvait être efficace sur la souffrance psychologique et donc chez les personnes déprimées.

À ce jour, les études sont plutôt concluantes, bien que l'autorisation de mise sur le marché (AMM) n'ait pas encore été délivrée dans cette indication, malgré des résultats prometteurs. Ainsi, une étude avec comme investigateur le docteur Mocrane Abbar, chef de service du pôle de psychiatrie du CHU de Nîmes, a montré des résultats significatifs de réduction des idées suicidaires avec un traitement par Kétamine IV chez des patients souffrant de trouble bipolaire.

M.V. : Comment peut-on aider une personne de notre entourage qui souffre de cette maladie ?

J.M. & C.M. : En participant soi-même à des séances de psychoéducation pour connaître la maladie et son expression. En essayant de repérer les symptômes de décompensation, sans pour autant être trop envahissant et ne pas prendre la place du psychiatre, mais plutôt accompagner la personne vers les soins.

M.V. : De nombreux artistes disent être bipolaires (Gérard Garouste, Jim Carrey, Benoît Poelvoorde...). Est-ce qu'une personne bipolaire est plus créative qu'une autre ?

J.M. & C.M. : Il est reconnu qu'en phase d'excitation maniaque, le patient ressent une créativité plus importante que son niveau de base.

La bipolarité a longtemps été associée à la créativité et au génie, l'idée remonte même à l'Antiquité et jusqu'au psychiatre Kraepelin.

Certains chercheurs ont également suggéré que la maladie pourrait favoriser la créativité en encourageant la pensée divergente, c'est-à-dire la capacité à trouver des solutions originales à un problème. Une personne atteinte de bipolarité pourrait alors être plus encline à penser différemment des autres et à remettre en question les normes établies. Cependant, certains patients déclarent, eux, que leur créativité est beaucoup plus élevée au cours des périodes de rémission ou quand les symptômes sont légers ou absents.

M.V. : Les moments exaltés semblent être vécus comme des moments heureux par le malade. Est-ce qu'il y aurait une addiction à cette euphorie excessive ? D'ailleurs, est-ce qu'une personne bipolaire est consciente de son état ?

J.M. & C.M. : On retrouve souvent une certaine nostalgie des phases d'hypomanie chez les patients, qui ont ensuite du mal à donner un sens à leur vie lorsqu'ils retrouvent une humeur neutre. Il est donc important d'informer les patients des risques liés à la période d'excitation (conséquences d'un épisode maniaque y compris matérielles, risque plus élevé de dépression par la suite et diminution de l'efficacité des traitements usuels).

La conscience de son état est une question très importante dans toute pathologie, et notamment les pathologies psychiatriques. Elle passe d'abord par une acceptation de la maladie. Ce qui est clair, c'est qu'en général, en phase de manie, le patient n'a pas conscience des troubles qu'il traverse.

M.V. : La maladie, connue ou ignorée, conditionne-t-elle les choix professionnels, les choix de vie, les choix de partenaires amoureux ?

J.M. & C.M. : Il existe quelques préconisations qui sont faites, concernant notamment la limitation du travail de nuit et de tout ce qui engendre des montées d'adrénaline ou un stress trop important. Concernant les partenaires amoureux et les choix de vie, il n'y a pas de règle.

M.V. : Comment cette maladie a-t-elle été perçue depuis qu'elle est diagnostiquée par le monde médical et par la société ?

J.M. & C.M. : Longtemps, comme la plupart des pathologies psychiatriques, le trouble bipolaire a été à l'origine d'une stigmatisation, qui peut être encore parfois actuelle dans certains milieux. Cette maladie est de plus en plus évoquée et diagnostiquée plus précocement.

M.V. : Est-ce que la bipolarité se retrouve dans tous les pays du monde ? Ou est-ce un mal des sociétés occidentales, par exemple ?

J.M. & C.M. : Ce trouble existe certainement dans tous les pays du monde, mais n'est pas forcément diagnostiqué, du fait d'une part culturelle importante et d'un système médical différent. Cependant, dans le monde occidental, le trouble bipolaire a été très médiatisé *via* des témoignages de personnalités comme Sylvain. Elles assument cette pathologie et communiquent à son sujet.

M.V. : Pensez-vous qu'une prévention est possible *via* une exposition encore plus grande des troubles bipolaires ? Si oui, de quelle manière ?

J.M. & C.M. : C'est possible. En prévention primaire, il faut promouvoir une tolérance minime voire nulle à la consommation de substances toxiques (notamment de cocaïne et de cannabis) chez les jeunes, ainsi que la prise en charge précoce de toute manifestation de traumatisme subi à un âge précoce. Une grande vigilance est également recommandée aux patients souffrant de bipolarité vis-à-vis de leur descendance.

En prévention secondaire, des programmes de psychoéducation spécialement dédiés aux patients souffrant d'un trouble bipolaire et à leur entourage, mettant l'accent sur la nécessité d'avoir une bonne observance médicamenteuse et un bon suivi psychiatrique, sont indispensables.

Il est important d'ailleurs de préciser qu'il existe des centres experts des troubles bipolaires en France, financés par l'Agence régionale de santé (ARS), dont l'objectif est de poser un diagnostic et d'orienter la prise en charge.

Tous mes remerciements
à Renaud Delourme sans qui ce livre n'existerait pas,
à Stéphane Watelet, à Myriam Villain, à Patrick Segal
et à Boris Cyrulnik.

TABLE DES MATIÈRES

Cet ouvrage a été composé par IGS-CP
à L'Isle-d'Espagnac (16)

Imprimé en septembre 2023 par CPI Bussière
à Saint-Amand Montrond
N° d'impression : 2073484

Imprimé en France